POKER

德州扑克

从新手到高手

首位职业教练经验技巧大公开

宋志威　著

中国铁道出版社有限公司
CHINA RAILWAY PUBLISHING HOUSE CO., LTD.

U0650202

内 容 简 介

德州扑克被誉为扑克界的"凯迪拉克",它规则简单,上手容易,精通很难,玩家需要具有很高的智商和情商。

本书从一个职业玩家的视角,介绍德州扑克的数学问题,从彩池赔率、数学概率,以及期望值去分析德州扑克的数学问题;然后从零开始模拟建立德州扑克的逻辑模型,系统地分析出德州扑克的各个逻辑,过牌跟注、下注以及加注的原因,下注量的大小,如何利用位置,诈唬背后的逻辑分析,以及翻牌后各种局面的处理思路;最后,从心理上阐述德州扑克的几个心理误区,以及如何克服心理上的种种懒惰、情绪化、追损,并给出了解决的建议。总之我们将从数学、逻辑和心理三个方面完全解析德州扑克。

本书是启发性的入门和进阶教程,启发读者对德州扑克的思考方向,而不是纯粹给出正确的打法,相信读完之后读者能够自己思考各种局面的处理逻辑和方向。

图书在版编目(CIP)数据

德州扑克从新手到高手:首位职业教练经验技巧大公开/宋志威著.—北京:中国铁道出版社,2014.9(2025.8重印)

ISBN 978-7-113-18374-5

Ⅰ.①德… Ⅱ.①宋… Ⅲ.①扑克-基本知识 Ⅳ.①G892

中国版本图书馆CIP数据核字(2014)第075987号

书　　名:德州扑克从新手到高手——首位职业教练经验技巧大公开
DEZHOUPUKE CONG XINSHOU DAO GAOSHOU——SHOUWEI ZHIYE JIAOLIAN JINGYAN JI QIAO DA GONGKAI

作　　者:宋志威

策　　划:苏　茜　吴媛媛　　　　　读者热线电话:010-83545974
责任编辑:吴媛媛
责任印制:赵星辰　　　　　　　　　封面设计:多宝格

出版发行:中国铁道出版社有限公司(100054,北京市西城区右安门西街8号)
印　　刷:三河市兴达印务有限公司
版　　次:2014年9月第1版　2025年8月第22次印刷
开　　本:720 mm×1 000 mm 1/16　印张:12　字数:237千
书　　号:ISBN 978-7-113-18374-5
定　　价:39.80元

版权所有　侵权必究

凡购买铁道版图书,如有印制质量问题,请与本社读者服务部联系调换。电话:(010)51873174
打击盗版举报电话:(010)63549461

扑克与商业投资的内在逻辑

谈到扑克和商业，人们的第一反应是扑克和商业没有任何联系，可能唯一的联系就是不诚实者(诈唬者)往往获益。但是这种认识是错误的，扑克和商业的最大共同点正是在于"诚实"。

与常人理解的相反，在扑克中不诚实往往会遭受巨大的失败，而诚实却能取得成功。首先，扑克中必须对自己诚实，当我没有完全弄懂一手牌打法的背后逻辑时，面对真金白银的加倍投入和发牌的千变万化，我会畏惧。为什么畏惧，因为我没有对自己诚实，把不懂当真懂，在最后关头必然始乱终弃。其次，诈唬的成功的前提正是诚实，如果不用长期的诚实获取对手的信任，想要轻松诈唬别人也是很难的。最后，从长远来看我们的打法必须是总体诚实的，也就是翻牌前手牌范围vs对手的翻牌前手牌范围占胜率优势，翻牌后无论怎么操作，这一点如同地心引力一样在长远决定着胜负。玩好牌，大牌大彩池，小牌小彩池，这些诚实的法则在长远会让人胜利。而投机取巧，沾沾自喜，以为自己更狡猾更聪明，最终会遭受巨大的失败。

在商业中，不诚实的人往往在刚开始会获益，骗得一些小钱，但人们吃亏上当后，不再相信他们。他们占了很多小便宜，但诚实的人会离他们远去，最终聚集在他们身边的只剩下同类——同样不诚实的骗子。最终他们会在互相欺骗中耗尽精力、财力。这对于社会来说危害非常大，因为不诚实降低了陌生人之间的商业流转效率。当然最终对"不诚实者"自己也没有好处。诚实的人最开始会受一些小骗，但身边小人越来越少，诚实的人越积越多，最终形成一个诚实的高效的"小世界网络"，在这个"小世界网络"中人与人之间的联系更加紧密，不诚实的代价非常高，以至于在这个网络中人们不敢不诚实，也更愿意诚实，最终商业效率极大提升，产品知识思想都得到极大极快地流通，创造出经济的大繁荣，也创造出巨大的科技和文化的繁荣。

当然在投资中也是一样，每当我对自己不诚实的时候，就一定会受到市场先生的暴击。如同扑克的发牌先生一样，市场先生总是会在我半懂不懂的时候考验我的理解力,迟早会在没有完全弄懂的标的上遭遇巨大的失败。对自己的能力圈保持诚实,对知识诚实,不懂不参与。不要指望听别人的只言片语就能理解一家公司,也不要指望跟着大V新闻热点"搭便车",也不要加任何杠杆,这是对自己知识不诚实,对自己的财务状况不诚实,迟早某一天会遭受巨大的失败,也许那一天就在明天,也许那一天在几十年之后。

诚实是大智慧,小聪明不管多么成功最终会一败涂地。诚实对于社会整体而言肯定是有巨大好处的,会极大地激发社会经济大发展。但对于个人而言仅仅只会使我们避免小聪明式的大惨败,也不一定会使我们个人取得巨大的成功。巨大的成功还需要系统性优势和长期不懈的坚持,简而言之即复利。

什么是系统性优势,就是在长远看来一定会不断获益的策略。比如,在扑克中一个玩家总是愿意用30%的起手牌范围,对抗你的20%的起手牌范围,长远看来你会获得胜率上的优势。也许这个玩家很聪明很会翻牌后操作诈唬和半诈唬,偶尔从你这里偷几个彩池走。但地心引力永远存在,在这个46.5% vs 53.5%的翻牌前胜率对决中,我们有7%的胜率优势,即使短期被小聪明诈唬偷走一些彩池,甚至输掉一些很大的冤家牌彩池,只要我们坚持"大牌大彩池,小牌小彩池"的原则,这个系统性优势会通过亿万手牌而不断扩大战果。

对于投资和商业而言,一家公司在生意模式上具有系统性优势。首先能赚钱,而且能持续不断赚钱,这种生意模式存在护城河,别的公司想模仿都很难。通过长年累月的复利,这种系统性优势最终会让我们在投资和商业上取得巨大的胜利。当然,前提是我们对自己诚实,必须得懂系统性优势在哪里,能持续吗?认清自己的能力圈,就是认清自己的系统性优势。

最后我们还需要点平常心。平常心并非看破红尘悲观厌世,而是看懂了内在的系统性优势之后不为短期波动所动。扑克和商业投资两者都有着疯狂的波动,扑克的盈利曲线和股价的波动,短期都是非常剧烈的。顺的时候让人疯狂,不顺的时候让人绝望。短期扑克的成绩无法预测,即使最差的玩家也能因为短期走运而不断打败高手,但长期成绩一定会露馅。投资中即使是新人也能在短期追涨杀跌中翻几倍。长远看来,扑克永远看系统性策略的期望值EV,价值投资看生意的系统性优势产生的净现金流。以百万手和30年来算,最终都是趋近于EV值和ROE值,中途过山车式的波动,都被45度向上(好生意模式)或者45度向下(差生意模式)的曲线所忽略。

诚实,系统性优势的长期复利以及平常心,这三点是扑克成功的核心,也是商业投资和个人成功的核心。

相信读完本书,你一定会体会到德州扑克的魅力,爱上德州扑克,并成为德州扑克世界的一员。

为方便读者学习,可以扫描下方二维码或者输入网址: http://www.crphdm.com/2018/0104/13859.shtml进行学习。

宋志威
2021年8月于武汉

　　德州扑克目前在都市白领、娱乐明星、体育明星、公司高管、IT和金融从业人群中非常流行。为什么德州扑克受这些高学历、高收入人群青睐？德州扑克的魅力到底在哪里？

　　简单地说，德州扑克能帮助我们看清别人和自己。

　　在德州扑克的世界里面，有的人喜欢进攻，无所畏惧的下注、加注，这类人具有很高的创造性和侵略性，比较适合做开创性事业，但是他们的缺点也非常明显——只知道攻击别人的弱点，而看不到自己的弱点。

　　有的人老老实实耐心等待一手好牌，然后倾其一切地投入所有的筹码，这类人有原则、有纪律，做财务类的工作非常有效。

　　有的人面对输赢会大喜大悲，而有的人输了和赢了都是面不改色，这些都透露了人的性格。

　　如果你是一个老板，和你的员工玩玩德州扑克，就知道他们是什么样的性格，然后可以把他们放在合适的岗位。和客户玩德州扑克，就知道和他们做生意的时候采取什么策略更合适。和朋友玩德州扑克，也能知道朋友的性格，确定什么样的朋友可以深交，什么样的朋友不能深交。

　　玩德州扑克甚至可以帮助自己找到弱点和改造自己的弱点。在美国很多股票交易所的老板都要求交易员玩德州扑克，因为德州扑克是高波动的游戏，即使有优势也很容易在短期内输掉很多，对于如何管理资金以及控制情绪都有很大的锻炼作用。

　　德州扑克规则简单，上手容易，精通很难，因此对于德州扑克的学习和应用不是一天两天可以掌握的，读者朋友除了仔细阅读本书之外，还需多加练习，掌握德州扑克的精髓。

目录

Chapter 1

德州扑克基础知识

KEY POINT ....

　　在玩好德州扑克之前，你必须花半个小时了解德州扑克的规则和一些简单的术语，可能这些规则和术语有些枯燥，不过只有懂得规则和术语才能和其他的玩家同台竞技，有共同的交流语言。建议看完规则之后去网上的德州扑克游戏中用游戏币体验一下。

1.1　德州扑克简介

　　德州扑克，20世纪初开始于德克萨斯洛布斯镇，据传是当地人为了消磨时光，发明了一种可以让很多人同时参与的扑克游戏。1925年，德州扑克第一次传入德克萨斯州的达拉斯市，后来又传至拉斯维加斯，自此德州扑克就被发扬光大了。

　　德州扑克根据下注限制分为有限、无限、底池限额三种，其中无限注德州扑克规则简单，以绝对优势受到大家的喜爱。以无限投注德州扑克为主要赛事的"世界扑克大赛"（WSOP）自20世纪70年代登陆美国以来，一年一度的赛事，在赌城拉斯维加斯的各大赌场举行。其中以冠军大赛的奖金额最高，参赛人数最多，比赛最为隆重，北美各地的体育电视频道都有实况转播，使得越来越多的人对德州扑克都有了一定的了解，这也是德州扑克开始大面积流行起来的标志。随着电视、媒体对各种国际比赛的直播，特别是互联网的传播与宣传。在美国，如果有人说他在玩扑克游戏，那多半就是在玩德州扑克。

　　德州扑克以其易学难精的特点在世界上吸引并凝聚了数量庞大的忠实玩家，受到各国棋牌爱好者的青睐，成为了当今风靡欧美的经典扑克游戏，也被人称为"学一时，精一世"的扑克游戏。

　　不过德州扑克真正爆发式的发展是在2003年，一个叫做Chris Moneymaker的年轻人通过网络扑克参加卫星赛，获得WSOP的门票，然后一路击败包括Johnny Chan、Phil Ivey和Dan Harrington这些偶像级的职业扑克明星，最后与Sammy Farha的单挑对决中，他的牌坚持到了赛终，拿到了250万美元的巨额奖金和WSOP的冠军金手链。在Chris Moneymaker获胜后的3年之内，大概200万人加入了在线德州扑克游戏中，自此德州扑克变成了无可争议的最流行的扑克游戏。

■ 1.2 德州扑克游戏规则

游戏人数2～10人，用牌52张（没有大小王）。游戏是从底牌和公共牌中选出最大的5张牌，组成"成手牌"，与其他玩家比较，牌型大的胜出。

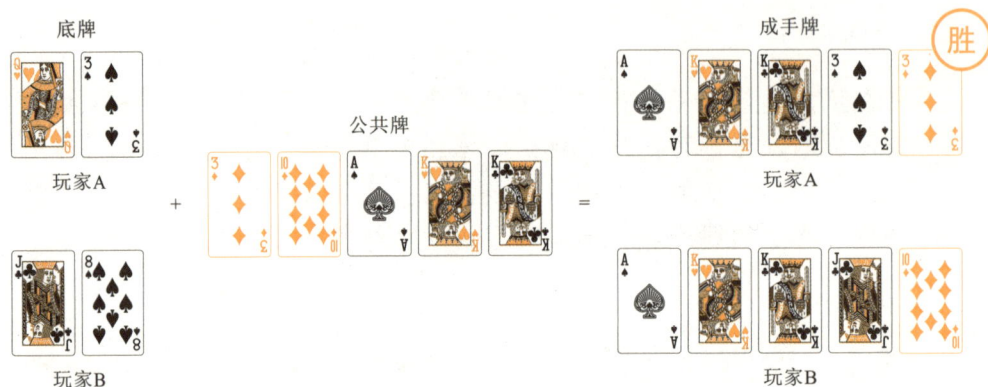

≡ 1.2.1 牌型大小规则

德州扑克游戏共经过四轮押注：在游戏开始时，由发牌员向每个玩家发2张底牌，进行第一轮押注；发3张公共牌后进行第二轮押注；发第4张公共牌后进行第三轮押注；发第5张公共牌后进行第四轮押注。押注结束后所有剩余玩家将成手牌进行比较，牌型最大者赢得筹码。

牌型大小规则：同花顺＞四条＞葫芦＞同花＞顺子＞三条＞两对＞一对＞高牌，下面具体介绍各种牌型。

❶ 皇家同花顺：由同花色的A、K、Q、J和10（扑克牌中的10可用T表示）组成。

❷ 同花顺：由五张同花色的连续牌组成。

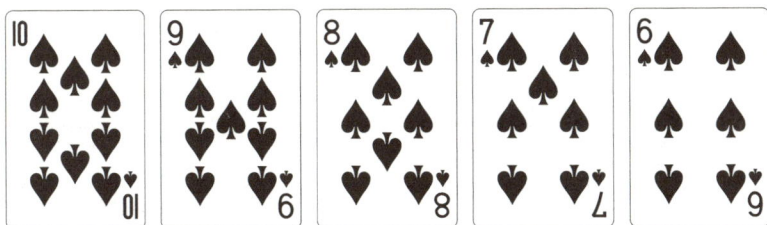

❸ 四条：由四张相同点数的扑克牌加上其他一张任意牌组成。

❹ 葫芦：由三张相同加上任何两张相同的扑克牌组成。

❺ 同花：由五张花色一样的扑克牌组成。

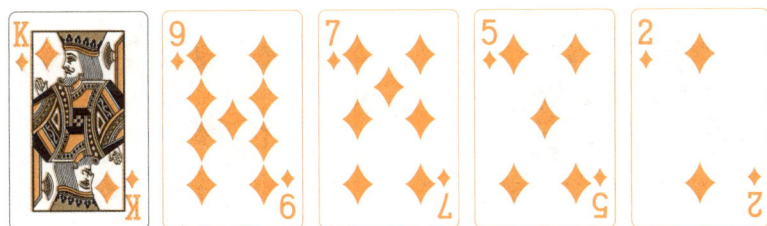

⑥ 顺子：由五张连在一起的扑克牌组成。

⑦ 三条：由三张相同点数和两张不同点数的扑克牌组成。

⑧ 两对：两组对牌加上一张任意杂牌组成。

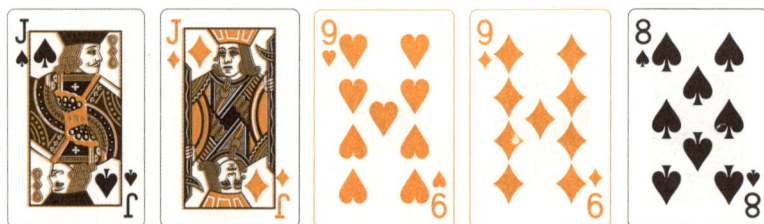

⑨ 一对：一组对牌加上三张任意杂牌组成。

⑩ 高牌：由单张不连续不同花色的牌组成。

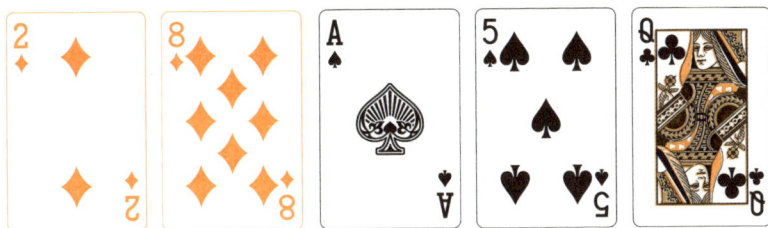

1.2.2 具体玩法规则

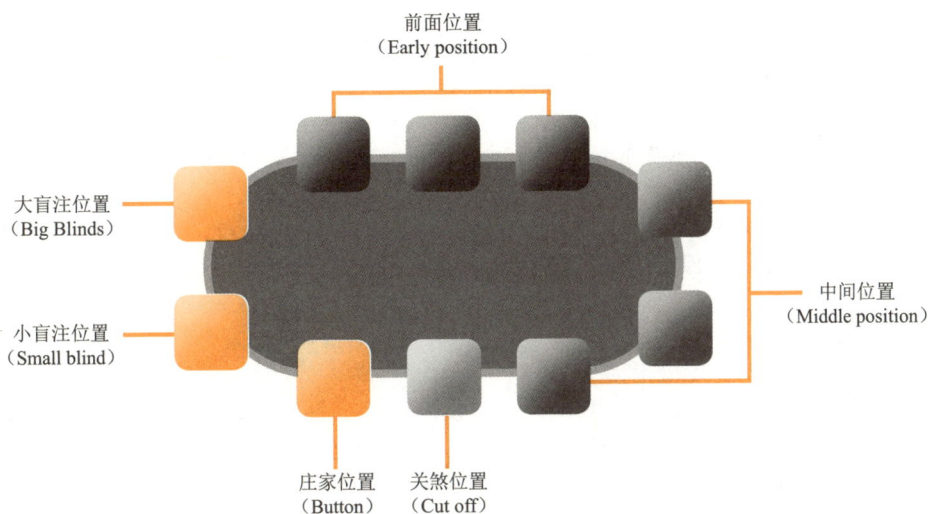

1. 庄家

游戏开始首先要确定庄家（Button，也称按钮）的位置。第一局庄家位置由系统随机指定，以后每局庄家位置按照顺时针方向下移一位。

2. 盲注

在德州扑克中有两个位置是强制性下注，庄家左边相邻的是小盲注位置，小盲注左边的是大盲注位置。为了游戏能够在一开始就有基本底注，盲注位置在发牌前就下注，并且每轮由不同的玩家支付。比如我们玩的是0.5/1级别的德州扑克游戏，小盲注强制投入小盲0.5个筹码，大盲注强制投入1个筹码。

3. 底牌

下盲注后从下大盲注玩家开始按顺时针方向每人发两张牌，皆为暗牌，称底牌或起手牌。

4. 第一轮下注

（1）发底牌后，大盲注左边的玩家开始从以下几项行动中选择其一。

- 弃牌：放弃本手牌，不参与彩池。

- 过牌：观望态度。

- 跟注：下注的筹码与上家的注额相同。如果前面没有人加注就是跟注1个大盲注，也叫跛入（Limp）。

- 加注：增加到大于1个盲注的下注额。

（2）一人结束行动后按顺时针方向下一玩家获得行动权，直到不再有人弃牌，且每人已向彩池投入注额。已弃牌玩家不再有行动权。

5. 翻牌及第二轮下注

（1）发三张明牌作为公共牌，此次发牌称为"翻牌"，所有人可见。

（2）从小盲注玩家开始按顺时针方向做同于第一轮的行动，直到不再有人弃牌，且每人已向彩池投入注额。已弃牌玩家不再参与游戏。

6. 转牌及第三轮下注

（1）发第四张明牌作为公共牌，此次发牌称为"转牌"，所有人可见。

（2）从小盲注玩家按顺时针方向做同于第一轮的行动，直到不再有人弃牌，且每人已向奖池投入注额。已弃牌玩家不再参与游戏。

7. 河牌及第四轮下注

（1）发第五张明牌作为公共牌，此次发牌称为"河牌"，所有人可见。

（2）从小盲注玩家按顺时针方向做同于第一轮的行动，直到不再有人弃牌，且每人已向彩池投入注额。已弃牌玩家不再参与游戏。

8. 摊牌和比牌

四轮下注都完成后，若仍剩余两名或两名以上玩家，则摊牌进行比大小。

比牌时，每位玩家用手中2张底牌与5张公共牌中任选5张组成最大成手牌进行比较。胜者赢得底池所有筹码。若有多人获胜，则平分底池筹码。

TIPS

无限德州扑克投注规则说明

❶ 可以在任何时间以任何资金下注，不超过玩家在牌桌上的余额即可。

❷ 加注时必须至少是上次加注额的两倍，除非玩家没有足够资金而被迫全押。

❸ 下注金额必须至少相当于大盲注，除非玩家没有足够资金而被迫全押。

❹ 全押。当一个玩家加注或企图跟注却筹码不足时，他可以选择全押。当有玩家全押时，他会跟进他所有的筹码，底池被分为主池和边池。其他玩家多出全押玩家筹码的注额将都会被加入边池，此全押玩家将不可能获得边池而只可能赢得主池的筹码。同理，当多个玩家全押时可能出现多个边池。

一局结束时从可能赢取玩家最少的奖池开始比较，每个奖池的赢得者可能相同，也可能不同。

1.3 德州扑克术语

行动/叫注/说话（Action）：一个玩家的行为。德州扑克牌里有7种行为（下注、跟注、弃牌、过牌、加注、再加注、全押）：

下注（Bet）：第一个投入筹码的行为。

跟注（Call）：跟随众人押上同等的注额。

弃牌（Fold）：放弃继续牌局的行为。

过牌（Check）：在无人下注的情况下把决定权"让"给下一位。

加注（raise）：把现有的注码抬高。

再加注（Re-raise）：在别人加注以后再加注。

全押（All-in）：一次把手上的筹码全部押上。

过牌-加注（Check-Raise）：当一个玩家在同一轮中，先看注，在有人加注后又加注。

庄家/按钮（Button）：这是一个玩家顺时针轮流持有的一个标志。每一圈押注的顺序决定于庄家/按钮的位置。

盲注（Blinds）：即在发牌之前下注，这是为了保证每个获胜的牌面都能赢得一些筹码。紧挨着"庄家"按钮左侧的玩家下"小盲注"，一般等于最小注的一半，下"小盲注"的玩家左侧的玩家下"大盲注"，即等于最小注的金额。

公共牌（Community cards）：桌面上的五张明牌。

翻牌（Flop）：前三张公共牌。

转牌（Turn）：第四张公共牌。

河牌（River）：第五张公共牌。

底牌（Hole cards）：每个人在牌局开始时得到的2张牌。

踢脚（Kicker）：是指其中一张底牌与公共牌组成了对子或三条之后剩余的另一张底牌。如果玩家有同样的对子或三条，则拥有较大踢脚的玩家胜出。比如两个玩家底牌分别是AK和AQ，公共牌是A3567，两个人都是顶对A，但是AK的K踢脚比Q踢脚大而胜出。

注限（Limit）：即大盲注的注额。这代表牌局的最低押注限额，也说明一个牌局的大小。

底池（Pot）：每一个牌局里众人已押上的筹码总额，也即该局的奖金数目。

摊牌（Showdown）：在最后一圈押注以后仍没有人放弃，大家就要把底牌亮出来比个高下。

边池（Side-Pot）：当几个大筹码对抗时，一个小筹码全押，一个边池就会形成。这个边池包含到这个时候为止小筹码有效筹码量内所有已经押上的筹码。全押的这个小筹码若赢了这一局，只能赢走边池里的筹码，而不能赢走在他全押以后其余大筹码额外加上的筹码。比如，两个筹码为100的玩家对抗，一个小筹码20的玩家全压，那么会形成一个60的边池，剩下的大筹码160不参与边池，而进入主池。小筹码如果获胜，也只能赢得60的边池。

平手牌（Chop）：即在摊牌时玩家的牌力一样，此时会平分彩池。

有限注（Limit 或者 Fixed Limit）：这种游戏规则限制玩家每轮的下注是规定好的数目。

彩池限注（Pot Limit）：这种游戏规则限制玩家每轮下注最多可以等于底池已有的数目。

无限注（No Limit）：指无下注限制游戏，本书讲的就是无限注德州扑克。

盲注（Blind）：指的是庄家顺时针方向的两个人或者新加入者要进行的强制性下注。

大盲注（Big Blind）：指的是庄家顺时针方向第二个人的强制性下注，一般对新加入这张桌子的人也要求强制性下注。

小盲注（Small Blind）：指的是庄家左边第一个人的强制性下注，通常为最低注的一半。

非同花（offsuit）：简写o，可以是任意两种及以上花色的组合。比如ATo就是A和10的非同花。

黑桃（spade），简写s。比如ATs，指A和10都是黑桃。其他类推。

梅花（club），简写c。

红桃（heart），简写h。

方块（diamond），简写d。

暗三条（Set）：手持口袋对子（即底牌是对子）击中三条，称为暗三条，比如手持22，翻牌圈A82，就是暗三条2。

明三条（Trips）：公共牌有对子，我们手上有一张相同点数的牌组成三条，称为明三条。比如，翻牌圈是A88，我们手持78，就是明三条8。

胜率（Equity）：即获胜的概率。比如翻牌前AA vs 22 有82.2%的胜率，我们就经常称此时AA有82.2%的equity。

彩虹牌（Rainbow）：指翻牌圈的三张牌花色各不相同，像彩虹一样。

出牌（Outs）：我们暂时落后了，但是还有很多可能出现的牌能让我们反败为胜。比如在A78的牌面，对手有AK，我们有56，还有四张4和四张9共八张出牌能让我们逆转，此时称自己有八个Outs。

缠打（Float）：在翻牌圈跟注，为了在转牌圈对手示弱的时候偷取彩池的行为。比如，翻牌圈567，我们有AK，对手下注，我们跟注，因为我们知道对手如果没有牌就会在转牌圈过牌弃牌，所以我们跟注缠打一条街，如果转牌圈对手示弱，我们就下注转牌圈偷取彩池。

玩得不错（Good Game）：通常在锦标赛之后说。

好牌（Good Hand）：通常指对方有一手意想不到的牌。

玩得很好（Good Play）：通常指一方用微弱优势赢了大筹码，或者把好牌隐藏成功而骗得另一方大败。

牌不错（Nice Hand）：常为输家表示对赢家的服气和旁观者感叹赢家的牌好。

牌极好（Very Nice Hand）：牌好到出乎意料。比如大家一直以为他有一手三条，结果却是一手四条。

Chapter 2

德州扑克就是石头剪刀布的升级版

KEY POINT

　　德州扑克是一种博弈，有三种倾向明显的玩家，就像是石头剪刀布一样，也是一物降一物。理论上，完美的石头剪刀布玩家，应该是随机下注，也就是三种东西的概率都是一样的，为三分之一。这样作为对手，我们很难从对方的下注中看到任何破绽。但是现实中，没有人能做到完美的随机，也就是1：1：1，因为人都是有偏好的。

2.1　你一定玩过石头剪刀布的游戏

　　石头剪刀布的游戏，相信大家小时候都玩过，规则非常简单，两个人在石头剪刀布中选择一个，同时出，然后比大小，石头克制剪刀，剪刀克制布，布克制石头。在这种游戏中，有的人特别爱出石头，也就是石头控，比如他的石头剪刀布的比例是5:3:2，因为对手的这一特点，那么我们应该调整策略，多出布，比如100%出布，我们就能获益。

　　比如，平均十次中，我们会碰到五次石头，而赢五次，碰到三次剪子而输三次，碰到两次布而平两次。最后我们5胜、3负、2平的战绩，绝对是可以稳定获益的。

　　德州扑克是一种博弈，就像是石头剪刀布一样，也有三种决策（下注加注、跟注、弃牌），三种决策之间也是一物降一物，跟注克制下注，下注克制弃牌，弃牌克制跟注。因此延伸出三种倾向明显的玩家：

　　（1）下注控，喜欢诈唬的"疯鱼"。

　　（2）跟注控，喜欢跟注的"跟注站"。

　　（3）弃牌控，喜欢弃牌的"胆小鱼"。

1. 疯鱼

"疯鱼"指特别爱下注，不停地下注诈唬，他们完美克制"胆小鱼"，却被"跟住站"完美克制。因为"胆小鱼"没有特别好的牌就选择弃牌，而有特别好的牌的概率又非常低，所以他们一直被"疯鱼"抢走一个又一个彩池。而"疯鱼"又被"跟注站"克制，因为"跟注站"有一个小对子就一直能跟到底，使得"疯鱼"的诈唬一直被抓。

2. 跟注站

"跟注站"指特别爱跟注，爱抓诈唬，他们完美克制"疯鱼"，却被"胆小鱼"完美克制。因为"疯鱼"一直下注诈唬，他们可以一直跟注抓诈唬。而"胆小鱼"没有大牌就和"跟注站"过牌到底，有大牌就一直下注使得"跟注站"常常输掉大型彩池。

3. 胆小鱼

他们特别爱弃牌。他们完美克制"跟注站"，却又被"疯鱼"完美克制。

如果我们把"疯鱼"、"胆小鱼"和"跟注站"作为石头、剪刀、布的话，那么真的是一物降一物。和石头克制剪刀，剪刀克制布，布又克制石头一样；"疯鱼"克制"胆小鱼"，"胆小鱼"克制"跟注站"，"跟注站"又克制"疯鱼"。

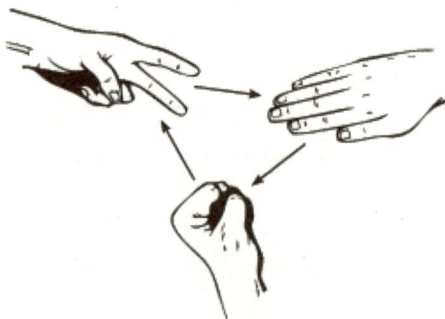

玩德州扑克时，对手表现出特别明显倾向的时候，我们可以100%选择克制对手风格的方法，就能轻松从中获益。就像一个人的石头剪刀布的比例是5:3:2，而表现出特别偏爱石头的倾向的时候，我们可以100%选择布，以5胜3负2平的战绩而稳定获益。德州扑克中一个玩家特别偏向下注和诈唬，我们就可以选择"跟注站"的风格而稳定获益；同样，对手特别偏爱跟注的时候，我们就选择"胆小鱼"的风格而完美克制对手；对手特别偏爱弃牌的时候，我们就可以选择"疯鱼"的风格而完美击败对手。

作为一个德州扑克的高手，第一任务就是找到对手的风格，然后采取克制对手的风格。但是真正的高手是没有风格的，他们的风格是依据对手的不同而变化的。

有的朋友可能会问，如果是多人彩池怎么办？比如，ABC三个人同时参与彩池，我们如何采取对策呢？其实很简单，抓住主要矛盾就可以了。这时候需要权衡，ABC谁的倾向更加严重，谁的筹码更大，就成为主要矛盾，这时候我们采取克制这个主要矛盾的风格就行了。

例如：A是"疯鱼"，他有200筹码，而且疯得非常厉害；B是"跟注站"，他有40筹码，但是倾向不是非常明显；C是"胆小鱼"，他有100筹码，胆小的倾向也不是特别严重。这时候明显A"疯鱼"的倾向更加明显，而筹码也更大，如果我们参与彩池，应该将主要矛盾放在A身上，而采取克制"疯鱼"的风格，即"跟注站"。只要我们中了顶对或者中等对子以上的牌力，我们就跟注"疯鱼"到底。

玩德州扑克最怕倾向过于明显，只要倾向太过于明显，就是有漏洞，容易被高手看到，而加以利用。我们同时在牌局中也需要聚精会神地去观察每一个对手，确定他们的风格倾向。

当然高手之间对抗的时候，他们都会读对手的倾向，而刻意不断改变自己的风格，使得对抗变得十分困难而有趣。所以，在高手对抗中，谁能更快的改变风格，谁就能更加迷惑对手而获得收益。

这本书是初级教程，所以主要写如何静态对抗，也就是对手风格比较明显而且不知道改变风格，也就是如何克制各种"鱼"（"鱼"在德州扑克中就是"菜鸟"或者初级玩家的意思）。以后还会再写一些中级和高级教程，那时我会更多介绍如何动态对抗，也就是对手也是高手，也知道读我们的风格，我们如何不断改变风格而克制对手。

2.2　德州扑克的思维层次

在扑克里面经常听到一些时髦的英文，比如High Level（高层次思维），Level 4（4层思维）等等，看起来很神秘，其实很简单。扑克是人与人之间的零和博弈，要想在博弈之中获胜，你必须采取克制对手策略的策略。也就是说你的思维要克制对手，要比对手高一个层次。

比如面对一个Level 1的玩家，他们只会读出自己手上两张底牌的价值，不懂得读对手的牌。这时，如果我们是Level 2的玩家，不仅能读出自己牌的价值，而且能通过读牌，玩对手手上的两张牌。比如，很多时候对手和我们都没有好牌，但是我们可以下注诈唬打走对手，此时玩的不是自己的手牌，而是对手的。

在扑克里面，并不是思维越高越好，有时候思维高也是一种负担，甚至是一种错误。最好的情况是，比你的对手刚刚高一个Level就可以了。

为什么说思维太高并不一定就好？

例如：在空城计里面，如果诸葛亮的对手不是司马懿，而是一群土匪或者山贼，诸葛亮的空城计肯定就是千古笑话，自投罗网。因为司马懿是Level 2的玩家，他会考虑诸葛亮不会没有任何埋伏就城门大开，等着司马懿去抓，所以司马懿会撤兵。这时诸葛亮的Level 3的思维，恰恰是克制了司马懿的Level 2的思维。要是对手不是Level 2的司马懿，而是Level 1的傻土匪或者愣山贼，他们不会考虑那么多，给老子冲进去杀就完了。那么诸葛亮的Level 3的高层次思维，碰到这些Level 1的白痴，恰恰是被完克的。

这也是为什么总说"秀才遇到兵，有理说不清"。当然这样的秀才是迂腐的秀才，如果他们放下Level 3的思维，而采用Level 2的思维，恰恰能克制这些Level 1的兵。

在扑克里面，每一个级别对手的思维Level不一样，你都必须调整自己的Level，只需要稍微高他们一级就可以了，没有必要高很多。有很多高级别的玩家，突然到了低级别一直输，都是很可能的。他总是用高级打法，Level 3的打法，但是对手是一群Level 1的"二愣子"，他们跟注、跟注、跟注，你就傻眼了。

所以并不是说思维越高越好，当然有能力达到高层次思维确实是种优势，你达到过Level 4，如果你能灵活一点，根据当时的情况，采取Level 1、Level 2、Level 3都是可以轻松搞定。但是如果你最高仅仅达到过Level 1，面对Level 2的玩家，你就没有任何办法，因为你现在还没能力使用Level 3思维克制他们。

在扑克游戏里，我的建议是，新手锻炼自己的Level 1思维就足矣，没有必要天天想什么高层次的思维和高级打法，打好自己手上两张牌的真实价值、最大价值就够了。因为新手桌子上的玩家，都是Level 0，他们连自己手上的牌都打不清楚，这时只需要打好自己的手上两张牌就足够"干掉"他们了。

到了稍微高一点的级别，你就可以锻炼自己的Level 2思维，因为你的对手大多数会打好自己的手牌价值，但是他们不太会读对手的牌。如果你在Level 2思维，不仅打好自己的手牌价值，而且能根据情况打对手手上的牌，那么你会有很大的优势。

到了更高的级别，你就必须混合你的思维，因为这样的级别，有Level 0的"鱼"，上来就胡乱玩一通，对付他们Level 1就搞定。也有Level 1的"鱼"，他们只玩自己的手牌，看着自己的牌玩，对付他们就用Level 2思维。还有一些Level 2的中等玩家，他们不仅会玩自己的牌，而且会读我们的牌，这时我们就必须使用Level 3对付他们。如果你的桌上都是Level 3的玩家——高级玩家，那么建议你换一个更加简单的牌局。

2.3　德州扑克的牌力及其真实价值

大家都知道德州扑克里面的牌力由强到弱顺序是：皇家同花顺>同花顺>四条>葫芦>同花>顺子>三条>两对>单对>高牌（具体介绍请参考第2章）。这是牌力的顺序，里面有很多有意思的东西。

1. 暗三条大还是明三条大？

我刚开始接触扑克时问自己这个问题，答案是暗三条，如果存在明三条，暗三就成葫芦了，当然是葫芦比三条大。

比如，翻牌圈（Flop）是：

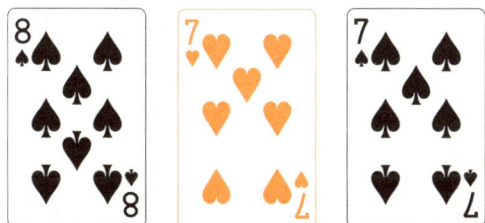

如果你持有：

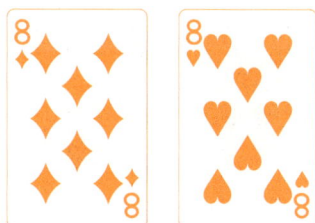

则是暗三条（Set）。

如果你持有：

则是明三条（Tirps）。

翻牌圈是877，当你持有88时，有明三条说明牌面有对子，这时你的暗三条加上对子就是葫芦了，当然是葫芦比明三条大。

2. 大牌就有大的价值吗？

很多新手拿到特别大的牌就感觉特别兴奋，比如四条或者同花顺之类的，认为大牌就有大的价值。

实际上，大牌不一定就有大的价值，有些大牌牌力很强，但是实际作用却很鸡肋，最明显的是四条，因为在翻牌圈（Flop），当你有四条时，你已经占用了Flop的两张公共牌，只剩下一张公共牌可能击中对手起手牌，所以击中对手的概率很低，而这张公共牌常常是小牌，即使有幸击中了对手，也不是什么强牌，因此不会支付我们一大笔筹码。

所以四条牌力虽然超强，但是实际上很难被支付，属于牌力强，但是真实价值很低的那种牌，中看不中用。

你想，如果你持有：

翻牌是：

虽然中了四条，但是对手击中这个Flop的概率极低，因为你占用了翻牌圈（Flop）的三张牌中的两张，对手只能击中3，其他的两张A都不会帮助到对手，所以这样的Flop击中对手的概率极低，因此他不会支付很多。即使你有强如四条这样的牌也是没有什么价值的。

但是，当我们持有：

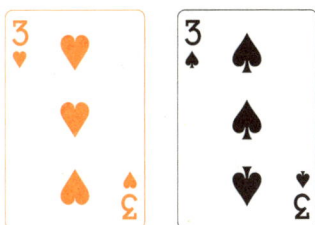

翻牌是：

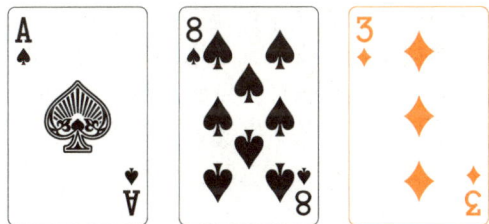

我们就非常开心了。因为我们的暗三条3，仅仅只占用了Flop三张牌里面的一张，所以比起占用Flop中的两张牌，对手有更大的几率击中这个Flop，比如，击中A或击中8。所以暗三条是我最喜欢的牌，这类牌占用Flop公共牌少，使得对手经常会击中这个Flop而支付我们一大笔筹码。

3. 大的暗三条牌力肯定比小的暗三条强？

其实大的暗三条很鸡肋，因为对手击中这样的Flop成强牌的概率很低。所以，我觉得，小暗三条的价值要远远大于大暗三条。

比如，你持有：

翻牌是：

你确实中了很强的牌，顶三条，但是当你中了顶暗三条的时候，对手击中这个Flop而成强牌的概率又是何其低呢？因为你占用了三张成顶对A的可能性，使得对手成顶对A的概率很低，所以在当你成顶三条时，对手经常是中等对子、小对子，对手肯定不会用这类弱牌支付你一大笔筹码。

但是，小暗三条却不一样，它击中的是Flop里面的小牌，所以对手成顶对的可能性大大增加，也就是被支付的概率大大增加，这也是我为什么说，小暗三条要比大暗三条有价值得多。当然你有时会碰到大暗三条 vs 小暗三条的状况，但是这都是千分之一或万分之一的低概率事件，可以忽略不计。

2.4 德州扑克的盈利本质来源

1. 发牌是公平的

牌是不长眼睛的，发给每个人的牌都是随机的，几率也完全一样，所以每一个人都会处于和对手完全一样的情形。也就是说，你拿到红色AA，和对手拿到黑色KK机会是均等的，无限手牌之后，总有一把，你拿着黑色KK，对手拿着红色AA，你和对手都会处于转换过来的相同情形。你们相互的盈率差值才是现金桌盈利的本质来源。

有很多人看《赌神》电影看多了，以为德州扑克高手就是变牌或者什么的，其实不是。德州扑克高手和"鱼"拿到好牌和烂牌的概率完全一样，只是高手能够最大化地利用每一手牌的价值，当输的时候输掉更小的彩池，当赢的时候，赢得更大的彩池，偶尔还能诈唬偷几个彩池。

2．单单某一手牌的结果不论是正负都没有意义

例如：你翻牌前拿着AA，对手拿着KK，你最后赢了一个10筹码的小池。这手牌的实际结果是你的确赢了一个彩池，但是从现金桌的本质来看，这手牌你输了。因为如果换成对手玩你的这手AA，你来玩他的KK，可能你会输一个很大的彩池给对手。

我们关心的是差值，而不是绝对值。

在刚才的例子里面，我们是赢了10倍盲注，但是换成对手可能会赢100筹码，差值是：

$$10+（-100）=-90筹码$$

所以在这两局中我们平均每次输了：

$$90/2=45筹码$$

也就是我们玩AA少赢45倍盲注，玩KK多输了45筹码，少赢也是输。而对手玩KK，少输了45筹码，本质上赢了45筹码，而他玩AA实际上多赢了45筹码，也就是本质上多赢了45筹码。

3．德州扑克的盈利来自于决策的差别

举个很简单的例子：如果一个客户本来想到你的店里消费50元，因为你的店员服务给力，而他实际上消费了80元，你的本质盈利是30元。而如果一个客户本来打算到你店里消费50元，来了之后发现你店里乱糟糟的，结果只消费了20元，本质上你亏了30元。

德州扑克的盈利本质也是如此，相对的差值才是真正的盈利。因为这个客户硬性消费是50元，但是由于我们个人技术的差异而造成最终消费偏离这个50元的差值才是盈利的本质。如果小于50，说明我们输了，如果大于50，说明我们是个赢家。

在扑克游戏中我们和对手都会处于同样的情形，这时我们和对手决策的差

异才是体现我们德州扑克盈利的本质。

2.5　德州扑克相对论——逆水行舟不进则退

真正的盈利来自于差别，所以扑克游戏中所有涉及盈利的地方，必然就是相对对手而言。下面介绍相对于对手我们可以提升的8个方面。

1.　决策相对论

在一手牌中我们和对手相对的决策差异导致的彩池差值，就是我们盈利的本质。

2.　资金管理相对论

你和对手在资金管理上的相对差异，也是我们盈利的本质。

3.　情绪控制的相对论

你比对手更少的情绪化，或者情绪化之后恢复得更快，或情绪化程度相对较轻，你就是盈利了。

4.　生活习惯的相对论

你比对手生活更有规律，有更好的身体，有更好的人际关系，能更好地控制自己的饮食和睡眠，你就盈利了。

5.　学习的相对论

如果你的对手从来不学习，而你每天都会抽出半个小时来学习德州扑克，你就是盈利了。

6.　玩牌状态的相对论

假设对手和你的技术一样，但是他常常疲劳游戏，甚至不用心玩，而你一直坚持在最佳状态的时候游戏，那么你就盈利了。

7.　盈利使用相对论

如果你把盈利用在需要的地方，或者更让你觉得快乐的地方，而对手却是没有头绪的乱花一气，那么你就盈利了。

8. 离开时机的相对论

如果你能选择时机果断退出牌局，而对手却是随机离开，那么长期下来你的成绩肯定会比对手好，因为你玩牌的时候都是最佳状态，而对手不是。

TIPS

扑克是零和博弈游戏，你盈利，对手就输，你输对手就赢。所以任何盈率都是相对于对手来说的，扑克游戏盈利的本质来源于相对论。

2.6　筹码量和打法的关系

德州扑克里面，不同的筹码深度，打法是完全不一样的，目前有三种比较成熟的策略，小筹码策略（20个大盲）、中筹码策略（40¯50个大盲）、大筹码策略（100个大盲）。本书介绍的是比较通用和常见的大筹码策略，不过也会在最后的番外篇专门讲解小筹码策略。

这三种筹码量为什么策略会有很大的不同，原因是筹码和赔率的关系。

❶ 当筹码很小的时候，我们无法玩投机牌，因为筹码太少，即使投机中了也赢不了多少，而且很多时候投机不到，换句话说小筹码的筹码量不适合玩投机牌，也没有玩翻牌后的空间，决策基本是在翻牌前全压或者弃牌居多。

❷ 当处于中筹码（40¯50个大盲）的时候，我们可以有一些翻牌后的空间，也可以稍微玩一些投机牌。

❸ 当处于大筹码（100个大盲）的时候，我们可以经常玩投机牌，混合各种打法，也有很大的翻牌后操作空间。

所以，筹码深度不一样，打法是完全不一样的。每一种筹码量都有专业玩家，比如，现实的扑克界，有小筹码专家、中筹码专家、大筹码专家。不过90%的牌局中都是大筹码居多，所以本书前面所有内容都是讲的大筹码打法。本书中所有的例子，我们可以默认为100个大盲的筹码量。

2.7　主宰踢脚的重要性

第1章已经介绍了踢脚，即中了对子额外的另一张底牌。

比如： 我们持有AK，翻牌是A83，那么我们中了顶对A踢脚K，如果对手此时是AQ，那么我们的顶对A踢脚K要比对手的顶对A踢脚Q大。

德州扑克中，我们拿到大牌，而对手拿到次好牌，对手才愿意支付给我们筹码。如果对手只是垃圾牌，那么我们得不到支付，除非对手自己发动诈唬。

德州扑克里面最好牌和次好牌最常见于顶对加不同的踢脚。同样都是顶对，踢脚大的玩家往往能赢不少。

比如，我们持有：

对手持有：

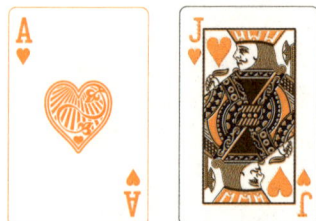

翻牌是：

那么我们持有的AK能获得不少的盈利。

在德州扑克里面我们要尽量主宰对手的踢脚，而避免被对手主宰踢脚，因为被主宰踢脚的一方胜率奇低，甚至低于垃圾牌，如下图所示。

AQ vs AK的胜率只有25.6%。（此为德州扑克计算软件Poker Stove所计算结果。此软件可在Poker Stove官方网站下载）

Hold'em		
Hand		Equit
Player 1 R D AKo		74.394%
Player 2 R D AQo		25.606%

而垃圾牌 vs AK的胜率居然有35.2%。

Hold'em		
Hand		Equit
Player 1 R D AKo		64.741%
Player 2 R D 74o		35.259%

说明踢脚被主宰的胜率是非常低的，劣势也是非常大的，所以我们在拿到起手牌的时候尽量避免被对手主宰踢脚。

比如：枪口位置（大盲注的下一家）我们会直接弃掉ATo，主要原因是后面没有行动的玩家很多，他们其中有AJ、AQ、AK牌的概率还是不低的，为了避免被主宰踢脚，所以我们会直接弃掉ATo。

再比如：一个紧手玩家在枪口位置加注的范围是AK、AQ、AA、KK、QQ、JJ、TT，我们拿着AJo和76s哪一个牌会更好？当然是76s，因为AJ经常会被主宰踢脚，中了对子甚至会害了我们，而76s不一样，对手的加注范围里面没有7和6，所以不会被主宰踢脚，所以这时候76s也会比AJo稍微好一点，不过还是劣势，通常也是需要弃牌的。

76s vs（AK、AQ、AA、KK、QQ、JJ、TT）的胜率为31.6%。

Hold'em		
Hand		Equit
Player 1 R D TT+, AQs+, AQo+		68.363%
Player 2 R D 76s		31.637%

AJo vs （AK、AQ、AA、KK、QQ、JJ、TT）的胜率为27.8%。

Hold'em		
Hand		Equit
Player 1 R D TT+, AQs+, AQo+		72.244%
Player 2 R D AJo		27.756%

23

Chapter 3

德州扑克的逻辑

KEY POINT ··································

德州扑克游戏策略需要从逻辑、数学、心理三个方面进行考虑。

- 逻辑——我们通过逻辑思维，分析对手每条街下注和跟注的动作背后的意义，然后逐步缩小对手的手牌范围，读到对手的牌。
- 数学——基本的德州扑克数学概率和赔率，使得我们知道什么时候继续是划算的，什么时候继续是不划算的。
- 心理——我们要学会控制心理和情绪，让我们长时间保持理性。

3.1 德州扑克的内在逻辑——原来如此简单

前面学习了德州扑克的规则，我们在这里简化一下德州扑克，通过这个简化版的德州扑克，一眼就能看到德州扑克的本质逻辑。

假设甲乙两个人玩扑克，只有3张牌K、Q、J，牌力顺序是K>Q>J，发牌之前，两人都投入1个筹码的盲注。

然后按照先后顺序发给甲一张牌，然后发给乙一张牌，甲看完底牌后可以选择下注、过牌、弃牌，然后乙可以选择跟注、下注、加注或者弃牌。

通过简单的逻辑思维我们就能得到三个德州扑克逻辑：

1. 甲乙两个人都不会拿着K弃牌，也就是不会弃掉最大的牌（逻辑1）

德州扑克里面别人下注的时候，我们不会弃掉最大的牌（皇家同花顺）。或别人过牌时候，我们不会拿着皇家同花顺跟着过牌，我们肯定会下注。

2. 甲乙两个人也不会拿着J跟注，也就是不会用最差的牌去跟注别人（逻辑2）

德州扑克里面别人下注的时候，我们不会拿着"空气牌"（没有对子，而且单牌也很小）去跟注别人的下注。

3. 不会用中等牌下注（逻辑3）

这个逻辑可能不太明显，不过非常有用。甲拿到Q的时候，乙拿到的牌只有K或者J两种可能性，甲如果用Q下注，乙不会用最差的J去跟注，也不会弃掉最大的K。也就是甲的Q下注既不会诈唬走比Q更大的牌，又不会让比Q更小的牌付出代价。

懂得这三个逻辑，德州扑克就变得非常容易了。我们可以总结出德州扑克各种牌力的逻辑处理方式。

3.1.1 强牌

1. 我们是甲的时候

❶ 我们可以选择下注，希望别人用更差的牌跟注付出代价，也就是价值下注（Value Bet）。

比如我们拿着K下注，对手可能会用Q跟注我们。对付跟注倾向高的"跟注站"类型玩家，这一招非常有用。

❷ 我们可以选择过牌，希望别人诈唬我们。

比如我们拿着K过牌，对手可能会用J绝望地选择诈唬我们。对于诈唬倾向高的这类型玩家，这一招非常实用。

2. 我们是乙的时候

❶ 对手选择下注，我们拿着K肯定要加注，希望对手的Q跟注，特别对于喜欢我们诈唬的玩家非常有效。

❷ 对手选择过牌，我们拿着K肯定要下注，希望对手的Q跟注。我们没得选择，即使对手不是跟注倾向高的玩家，我们也必须下注，因为过牌就不会赢得筹码。

3.1.2 中等牌

1. 我们是甲的时候

我们只能选择过牌。因为拿着Q下注，只会让对手的K继续，对手的J一定会弃牌。这样我们在帮助对手做正确的决策。因为德州扑克是零和博弈，对手做正确决策，我们就会遭受损失。

但是，过牌也有过牌—弃牌（过牌，对手下注，就弃牌）和过牌—跟注（过牌，对手下注，就跟注）两种。

如果对手是诈唬倾向很高的玩家，我们可以拿着Q过牌—跟注抓对手的J的诈唬。

如果对手是很直接的玩家，不怎么会诈唬，那么我们拿着Q就是过牌—弃牌，对手这时候多半是拿着K在下注。

2. 我们是乙的时候

对手选择下注，我们拿着Q可以选择跟注或者弃牌。如果对手是喜欢拿着J诈唬的玩家，我们可以选择跟注。如果对手不怎么爱诈唬，我们就只能弃牌，对手此时多半是拿着K的。

3.1.3 弱牌

1. 我们是甲的时候

❶ 我们可以选择下注，希望别人弃掉更好的牌，也就是诈唬（Bluff）。

比如我们拿着J下注，对手可能会弃掉Q。对付跟注倾向低、胆小的玩家，这一招非常有用。

❷ 我们也可以选择过牌—弃牌，对于不爱弃牌，喜欢跟注抓诈唬的对手，我们只能老实一点。

如果对手是很喜欢跟注、很喜欢抓诈唬的玩家，那么拿着J下注，绝对诈唬不走对手的Q，这时候我们没得选择，只能选择过牌—弃牌，将损失降到最小。

2. 我们是乙的时候

❶ 对手选择过牌。如果对手是那种很直接的玩家，拿着Q他们会过牌—弃牌，拿着K就下注，那么我们拿着J有时候可以选择下注诈唬，因为对手有很大的概率弃掉Q。

❷ 对手选择下注，我们拿着J只能弃牌。因为J是最差的牌，我们不能拿着最差的牌跟注，毕竟对手不管是Q下注还是K下注，J都肯定是落后的。

通过这个简化版本的德州扑克，我们发现了德州扑克的三条基本的逻辑，我们的一切下注、跟注、加注、过牌、弃牌都是基于这三个逻辑。懂得了这三个逻辑，德州扑克的大体方向我们就找到了。

理想很丰满，现实很骨感。回到现实的德州扑克，会比这个简化版本的复杂一些，但是总体逻辑还是一致的，只是需要我们调整一下。

3.1.4 牌力范围不再是简单的绝对强、中、弱

比如，简化版本的德州扑克里面只有三种牌力：强、中、弱。而现实中的德州扑克牌力从皇家同花顺到高牌，之间的牌力范围非常广。中等牌有很广的范围，比如顶对弱踢脚到中等对子都属于中等牌。

一般来说，我们拿着中等牌是需要过牌的。但是偶尔也有例外。

比如，在高级别和激进的德州扑克游戏里面，我们可以看到高手会拿着顶对弱踢脚这样的牌在河牌圈下注。主要原因是现实中的德州扑克中等牌范围很广，有时候对方是喜欢抓诈唬的对手，我们可以拿着中等牌、中偏强的牌下注，比如拿着顶对弱踢脚下注，对手会用中等对子抓我们的诈唬。

不过调来调去，总的逻辑还是不变的。

3.1.5 现实的德州扑克有多条街的多轮下注

这个简化的德州扑克中，只有一条街的下注就结束了。但是现实德州扑克有四条街下注，翻牌前，翻牌圈，转牌圈，河牌圈。

那么有什么需要调整的地方吗？

当然有！

现实生活的德州扑克，前面的街不是简单跟注就摊牌了，能否坚持到河牌摊牌也是关键（逻辑4）。

比如我们持有22：

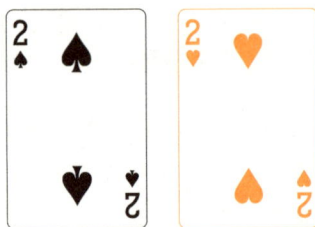

翻牌圈是K89：

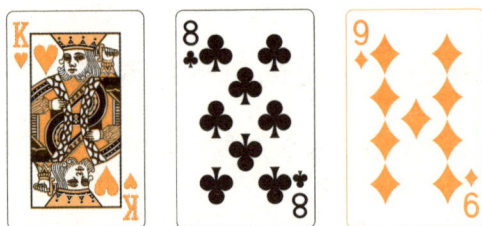

对手下注，我们是跟注还是弃牌？

在简化版本的德州扑克里面，我们如果觉得对手喜欢诈唬，那么就偶尔可以跟注去抓诈唬，因为我们跟注之后就可以直接摊牌比大小。如果对手诈唬，我们就赢了；对手真有强牌，我们就输了。

现实的德州扑克不一样哦！我们还需要考虑对手是否会在转牌圈、河牌圈继续下注。

如果对手真的是非常激进的玩家，即使我们知道对手可能在诈唬，正确的打法也是弃掉22。因为对手如果真的有更好的牌，我们猜错了，在剩下的47张牌中（52张牌中我们看到了2张底牌和翻牌圈的3张牌，还剩下52-2-3=47张牌没有出现）只有两张牌能帮助我们反败为胜（两张2出现一张能帮助我们组成三条或全部出现成为四条）。剩下的45张牌都是比2大的高牌，都是能伤害我们，进一步削弱我们口袋22的牌力。所以我们虽然知道对手可能是诈唬，我们在翻牌圈也只能弃掉

22，而不能跟注，因为我们可能坚持不到河牌摊牌，在转牌和河牌对手继续下注攻击时候，我们也会选择弃牌。

如果我们持有KJ或者A8这样的牌是可以跟注抓对手翻牌前的诈唬的，因为转牌和河牌能伤害我们的高牌相对较少，比如我们拿着KJ的时候，47张牌中只有4张A高牌能伤害我们，所以如果我们觉得对手是诈唬就可以在翻牌圈跟注对手抓诈唬。因为我们能坚持到河牌摊牌。

所以现实的德州扑克中，因为有多条街的存在，在考虑目前领先还是落后的同时，我们必须有预见性，预测对手的激进度，对手是否会在转牌和河牌继续下注攻击，以及转牌和河牌能伤害我们的牌有多少。在跟注之前，不仅要考虑牌力，能否坚持到河牌摊牌也是非常关键的。

3.1.6 现实德州扑克有位置的概念

所有顶级的高手都知道位置在德州扑克里面是关键的。

为什么呢？

有位置的玩家在翻牌后的每一条街都是最后一个行动，也就是能看到其他玩家行动之后再行动（得到信息之后做决策，能更好地做决策，有利于读牌），也就是掌管最后一个下注的"生杀大权"，有管控着彩池大小的权利。

❶ 当我们拿着好牌，对手过牌，我们可以把彩池做大，不让对手便宜摊牌。

❷ 当我们拿着弱牌，对手中等牌过牌，我们可以通过下注和加注威胁对手把彩池做大迫使对手弃牌，或者过牌控制彩池。

❸ 当我们的牌是中等牌力，我们能过牌控制彩池在比较小的规模。

因此：

$$位置+多条街=技巧+斗志斗勇$$

如果没有位置和多条街，那么德州扑克就会像我们简化的德州扑克那样一条街结束，变成比大小的游戏，技巧性和乐趣性就大大降低了。

"位置+多条街"真正使德州扑克变成一个不仅仅是比大小的游戏，而是很多时候我们拿着小牌通过多条街能打走更大牌，拿着大牌通过三条街做更大的彩池，拿着中等牌和弱牌在诈唬无望的情况下控制彩池在小的规模的充满技巧的游戏。

从此德州扑克的乐趣和技巧就来了，而乐趣和技巧的源泉是位置和多条街。

假设德州扑克是个20条街的游戏，那么翻牌前的AA都不算什么强牌，位置才是决定一切的。

比如你持有AA：

牌面是6789TJ：

后面还有16条街要打，你过牌，对手在有位置情况下下注，你能跟注吗？显然不能。

可以说街是放大位置因素的工具。街数越多，有位置玩家优势越大，可操作空间越大，而没有位置的玩家劣势也越大。这使得我们得出了德州扑克的又一个逻辑：

在没有位置情况下要玩得紧，玩得街越多越不利，要玩成牌快、成牌强的起手牌（逻辑5）。

有位置玩家可操作的空间太大，没有位置还玩得松那基本上都会输掉筹码，玩得松的时候通常会形成一些弱牌或者中等牌，对手很容易诈唬走我们，或者让我们的中等牌跟注到底的时候付出巨大的代价。

3.2　德州扑克的外在逻辑

德州扑克发牌是随机的，不管是世界顶级高手，还是非常差劲的玩家，翻牌前拿到好牌和烂牌的概率完全一样。他们唯一的区别是：如何最大化利用手中已有的牌的价值。

3.2.1　职业玩家和普通玩家的具体区别

以下四点是职业玩家和普通玩家的具体区别，也是德州扑克盈利的来源。

1. 赢大彩池

如果我们的牌很强，而且读到对手的牌也比较强，但是比我们弱，这时候我们赢一个对手心理底线愿意跟注的最大彩池。

2. 输小彩池

如果我们的牌力很弱，而且读到对手的牌很强，绝对没有机会诈唬走对手。那么我们就通过控制彩池在非常小的规模，输更小的彩池。少输也是赢！

3. 偶尔赢点本来要输的彩池

如果我们的牌力很弱，但是读到对手的牌也不强，而且对手有弃牌的倾向，那么可以通过诈唬，偶尔赢点本来要输的彩池。

4. 抢走本来和对手四六开、五五开、三七开这样的彩池（抢死钱）

德州扑克大多数时候，在河牌圈之前，我们和对手的胜率本不会是100%对0的，往往是四六开、五五开、三七开之类的胜率。如果在这种情况下，我们抢得这样的彩池，也是在赢筹码。

下面用叫做poker stove的德州扑克计算软件来说明（大家可以在poker stove官方网站下载）。

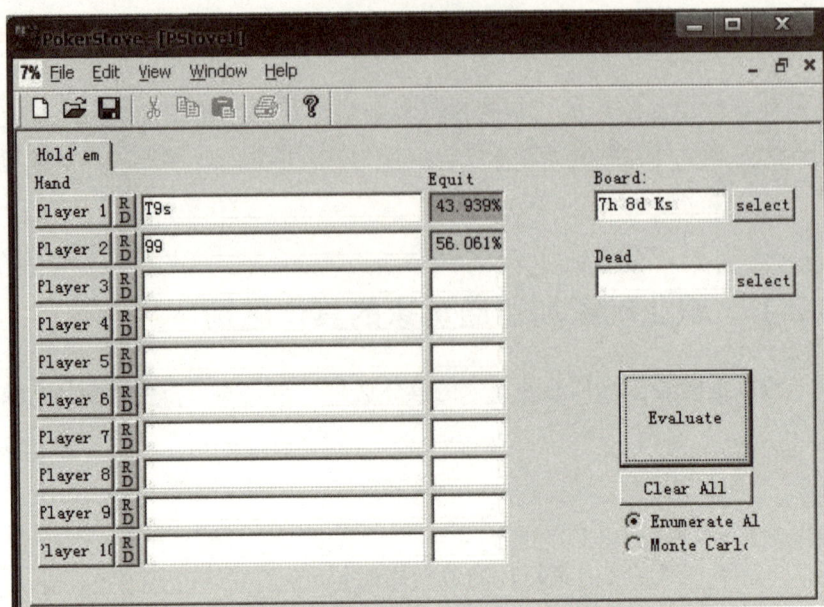

比如我们持有：

对手持有：

在翻牌圈我们顺子听牌和对手的99是43.9%:56.1%的胜率。我们是稍微落后的。

如果我们下注、加注迫使对手弃牌，那么我们就赢了本来和对手43:56开的局面。假设这个时候彩池里面有100筹码，我们拿着T9s（s是suited的简写，同花色的意思，s既是suited也是spade的简写，当写成Ts9s的时候就是黑桃，当写成T9s的时候就是同花的意思。T是ten的缩写也就是10）下注，对手弃牌，那么我们赢下了这个100筹码的彩池。

可以这样理解，我们的胜率就相当于股份。彩池目前有100筹码，我们有43.9%的胜率，也就是我们有43.9%的股份，如果我们下注而对手弃牌，那么对手等于放弃他的56.1%的股份，也就是我们赢了56.1%×100=56.1筹码。

当然所有来源背后都藏着"位置"这个因素，有位置的情况下更容易做到以上四点。有位置的情况下，我们想做大彩池就做大彩池，想控制彩池就控制彩池，想诈唬就诈唬。但是没有位置的情况下，我们想输个小彩池，对手偏要下注或者加注，我们无法控制彩池，也很难做大彩池。

3.2.2　区别引申的概念

1. "赢大彩池"引申出"价值下注（Value Bet）"的概念

价值下注，就是当我们确定我们的牌领先，而且确定对手会用更差的牌跟注或者加注我们的时候，我们可以下注，对手跟注或者加注，我们就获得了价值。

价值下注有两个关键点，两者缺一不可：

❶ 我们的牌领先。

❷ 对手会用更差的牌跟注或者加注。

比如，我们持有7s8s：

并在5s6s9s的翻牌圈下注:

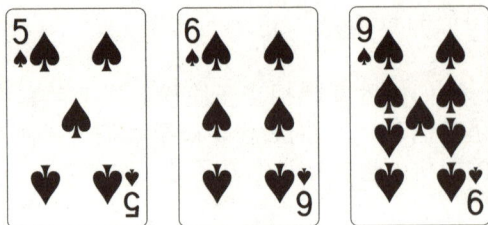

如果对手持有9h9d:

一定会跟注或者加注。

确定我们的同花顺比对手的三条强，而且对手愿意用9h9d跟注或者加注而付出代价（价值）。我们此时领先有什么意义吗？有，那就是让对手付出代价。

但是，我们持有QdQh:

并在AsKh2d的翻牌圈下注:

此时对手很难用更差的牌跟注我们。所以我们虽然领先，但是不存在太大的价值空间，也就是我们很难从领先中获得价值。因为有A和K两个高牌的存在，对手不大会用比QQ更差的对子跟注我们。所以这种情况下，我们的QQ不存在太大价值下注的空间，而只有抓诈唬的空间。所以这时候过牌比较好。

并不是我们领先就一定要下注，领先而且确定对手会用更差的牌埋单（跟注或者加注），我们才能下注。如果我们领先，但是对手一定不会用更差的牌跟注我们的下注，那么过牌争取便宜摊牌和抓诈唬才是首选。（逻辑6）

2.“偶尔赢点本来要输的彩池”引申出“诈唬（Bluff）”的概念

诈唬，就是当确定我们的牌落后，而且确定面对我们的下注或者加注时候，对手会弃掉比我们更好的牌，这时可以下注，对手弃牌，我们就赢了本来要输的彩池。

诈唬有两个关键点，两者缺一不可：

❶ 我们的牌落后。

❷ 对手会弃掉比我们更好的牌。

比如，我们持有7s8s：

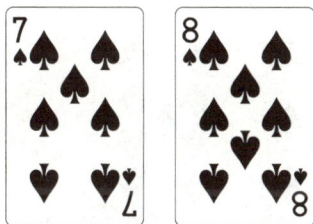

并在AsKh2d的翻牌圈下注：

对手持有4s4d：

虽然我们落后，但是因为有A和K两个高牌的存在，对手很有可能弃掉4s4d的小口袋对子。这种情况下存在诈唬的空间，可以看准机会发动诈唬。

但是，我们持有2d2h：

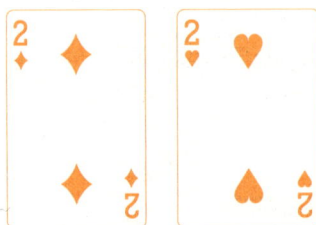

并在5s6s9sAhKd的河牌下注：

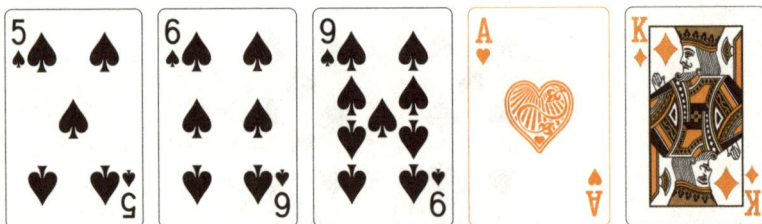

对手持有7s8s的同花顺：

此时对手一定不会弃牌。我们确定对2比对手的同花顺弱，但是面对我们的下注，对手不会弃掉同花顺，所以这时候不能发动诈唬。这时候只能尽量把损失控制到最小，尽量输个小彩池，过牌—弃牌是最佳的策略。

并不是我们落后就一定要下注诈唬，落后而且确定对手会弃掉更好的牌，才能下注（诈唬）。如果我们落后，但是对手一定不会弃掉更好的牌，那么老老实实的过牌或者弃牌，降损失降到最低才是首选（输小彩池）。（逻辑7）

3. "抢死钱"引申出"半诈唬（Semi Bluff）"的概念

"死钱"是什么意思？

"死钱"就是目前大家投入彩池而且存在弃牌空间的筹码。"死钱"分为"激进死钱"和"被动死钱"两种。

● 激进死钱：对手虽然在激进下注，但是他们的计划是下注之后让我们加注后弃牌。常见于诈唬很多的"疯鱼"。

● 被动死钱：对手过牌，我们下注对手就会弃牌。被动死钱，常见于胆小的弃牌很多的玩家。

死钱的"死"字，要义在于"对手存在弃牌空间"。

● 如果对手拿着皇家同花顺，那么就不是死钱了，因为对手永远不会弃掉同花顺。那么这个钱就是活钱，不要试图去抢。

● 如果对手拿着底对子，那么是存在弃牌空间的，条件合适的情况下（对手胆小，弃牌的概率大），这个彩池的死钱就是可以考虑抢的。

半诈唬，就是当我们和对手都各有胜率，但是我们确定对手存在弃牌空间的时候，我们试图通过下注和加注抢彩池里面的"死钱"。

● 如果对手跟注，没有关系，我们还是有胜率打后面的几条街。

● 如果对手弃牌，很好，我们抢得了本来属于对手的股份。

我们持有9Ts的顺子听牌:

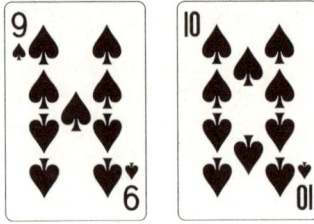

对手持有99:

在7h8dKs牌面下注:

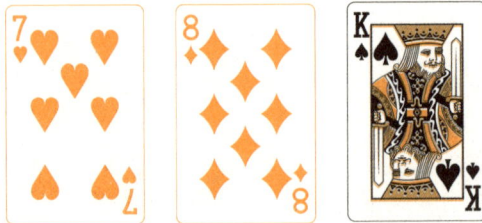

通过软件计算结果如下图所示。

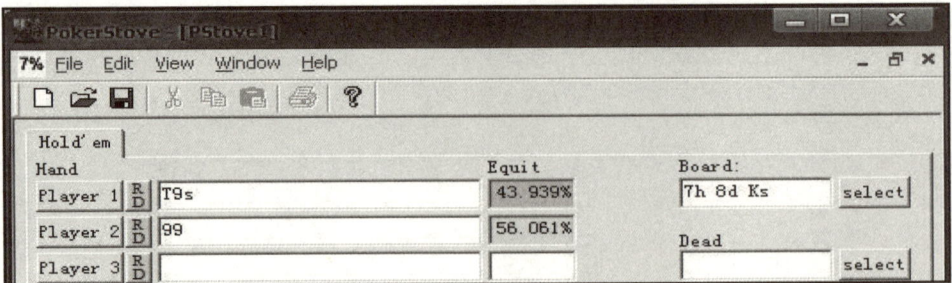

　　对手是有可能弃掉99这样的对子的,如果对手弃牌,很好,我们赢得了彩池里面对手56.1%的股份。如果对手不弃牌,也没有关系,我们还有43.9%的胜率。

但是也不是所有情况下我们都要半诈唬，只有对手存在弃牌空间的时候才能半诈唬去"抢死钱"。

例如下面的情况：

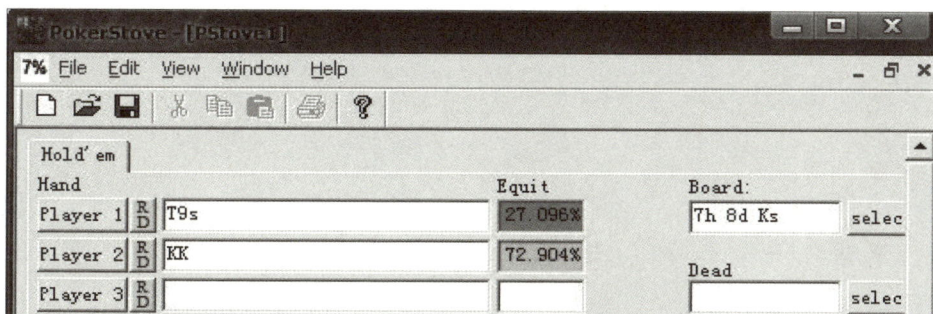

如果我们拿着T9s的顺子听牌下注或者加注的话，对手很有可能会加注甚至全压我们，导致我们因为没有足够的赔率去追顺子听牌而弃牌。这样对手将迫使我们弃掉27%的股份。

虽然半诈唬是很有威力的武器，但是读到对手牌力很强的时候，过牌或者跟注尽量实现自己的胜率更为明智。

TIPS

实现胜率（Realize Equity）就是我们有比较好的胜率，而且对手很容易加注迫使我们弃牌的时候，我们通过过牌（Check）或者跟注（Call）等被动行为，尽量不给对手加注我们的机会，实现我们的胜率。

如果对手的牌很强，愿意再加注或者全压的时候，而且我们有可观的胜率，这时候过牌实现我们的胜率会更好。如果这时候被对手再加注赶出局，就非常失败，因为对手这么强的牌，当在后面我们中了顺子听牌，多半会支付给我们一大笔筹码。

如果你碰到的对手也是一个德州扑克高手，他们也知道半诈唬和"抢死钱"的概念，很多时候在你们五五开、四六开的时候，对手如果是最后一个全压的人，他就能迫使你弃牌。因为现实中，你也不知道对手真的有超强牌，还是和你五五开、四六开之类的牌，对手全压的时候，你只能选择谨慎的弃牌。

3.2.3 德州扑克下注、弃牌、跟注的理由

1. 德州扑克下注的理由

由上面的内容可知德州扑克下注的三个理由是：

❶ 价值下注。

❷ 诈唬。

❸ 抢死钱。

我们在德州扑克里下注之前问问自己到底是这三个理由中的哪一个？

如果都不是，那么你多半是错误的。

我曾经问我的学生他们下注的理由，得到一些错误的回答。

有的学生说，感觉自己是领先的，所以下注。

我们领先并不代表要下注，只有当我们领先而且确定对手会用更差的牌跟注我们，我们才会下注。

比如我们持有：

翻牌是：

我们通常都是要过牌，虽然我们很多时候是领先于对手，但是对手不会用更差的牌跟注我们，并不是领先就要下注，而是领先而且能获得价值，才下注。

有的学生说，下注为了试探对手的牌力，为了信息而下注。

我们玩的是100个大盲的无限德州扑克游戏。对于这种游戏来说，下注去试探牌显得太过于昂贵，通常都是错误的。

比如：对手下注，你拿着中等牌去加注对手。如果对手弃牌了，好的，你试探到了对手的牌力比你弱，但是试探到这个信息之后，就没有办法利用这个信息赚更多的筹码，因为对手已经弃牌了，也就是说你通过真金白银去试探到对手的牌力信息，但是你没法利用这个信息。如果对手跟注了，好的，你试探到了对手的牌力比你强，但是100个大盲的游戏，通常加注都是非常昂贵的，我们试探到对手的牌力信息，但是我们也付出了很大的代价（比如我们加注到30大盲）。

有些同学可能会问，我们加注30，得知对手的牌力比我们强，我们不是可以节约剩下的70大盲吗？

通常来说，加注为了信息，一定要衡量是否值得这么做。

在100个大盲的筹码量这么做是不值得的，因为你花了30个大盲试探到这个信息，后面能利用这个信息的筹码量太少，只有70个大盲而已。因此这个信息太过于昂贵了。

在深筹码的游戏中，加注为了信息还是有用的，比如你1000个大盲的时候，加注30个大盲，得到我们落后的信息，我们后面还有970个大盲去利用这个信息，少输很多筹码。

所以下注为了信息在筹码不深的时候通常都是错误的，只有在深筹码的时候才有意义。

2. 德州扑克弃牌的理由

学习了前面的逻辑之后，我们得到了下注的三个理由，那么我们弃牌的理由呢？

弃牌的理由非常简单：

❶ 我们的牌力是落后的，没有赔率去跟注。（跟注的选项走不通）

❷ 我们也无法通过下注或者加注诈唬走对手。（加注的选项走不通）

对手下注，我们有三个选项：跟注，加注，弃牌。如果跟注和加注都走不通，那么只剩下弃牌了。

如果牌面是AdKs9s8d2h：

对手持有AsTh下注：

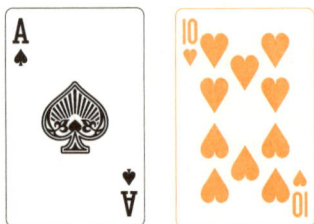

我们持有Td9d：

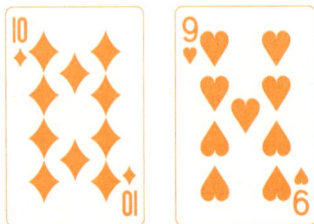

我们应该怎么办？

在河牌圈时候，我们已经知道自己落后了，对手下注，我们只有两个选择，要么加注诈唬，要么弃牌。我们需要考虑诈唬的成功率是否值得我们去冒险，如果对手是那种容易弃牌的玩家，而且对手的牌力也不是很强，我们可以考虑诈唬。如果我们知道对手无法诈唬走，那么我们只能老实的弃牌。

在河牌圈之前，我们落后了，往往还是有一定胜率的，这时候可以考虑加注，看对手是否会弃牌，如果不行的话，再考虑是否有赔率去跟注追我们的听牌。

如果翻牌是AdKs9s：

对手持有AsKd两对下注：

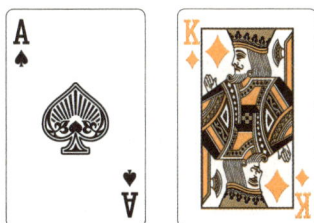

我们持有7s8s同花听牌：

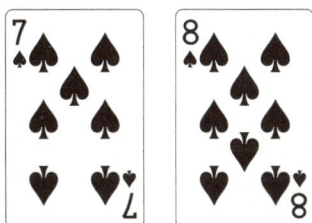

通过软件计算结果如下图所示。

对手下注我们首先考虑通过加注是否能半诈唬走对手，显然这手牌肯定不能，对手不会弃掉两对这么强的牌。

然后我们再考虑，是否够赔率去跟注追听牌，毕竟我们还有30.3%的胜率。（关于赔率和胜率我们会在"Chapter 4 德州扑克的数学"中详细介绍）

如果这两条路都行不通，那么就剩下弃牌的选择了。

3. 德州扑克跟注的理由

我们知道了下注、弃牌的理由之后，那么我们跟注的理由呢？

跟注的理由也很简单：

❶ 对手下注，我们认为自己虽然落后但是有赔率去跟注追听牌，很有希望在后面的街超过对手。

❷ 对手下注，我们领先，而且认为对手是诈唬，所以跟注抓诈唬。不能加注，因为加注会阻止对手继续诈唬送筹码。

还是刚才的例子，牌面是AdKs9s，对手持有AsKd两对下注，我们拿着7s8s同花听牌，软件计算结果如下图所示。

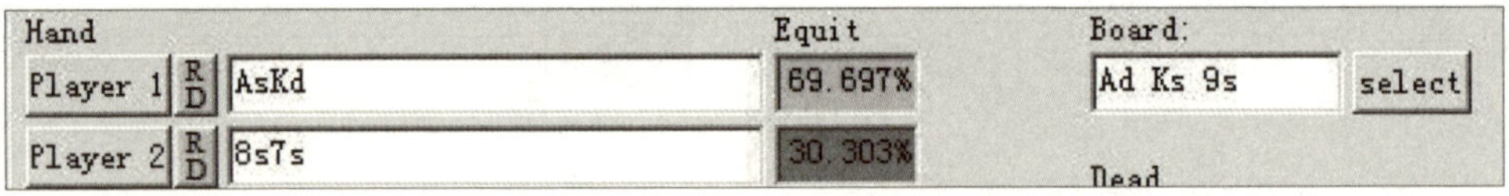

Hand				Equit		Board:	
Player 1	R	D	AsKd	69.697%		Ad Ks 9s	select
Player 2	R	D	8s7s	30.303%		Dead	

在翻牌前彩池里面有99筹码，对手下注1筹码。这时候我们的胜率有30.3%，但是我们可以跟注1去博彩池里面的100筹码（99+1=100），虽然我们是落后的，但是还有足够的赔率去追逐我们的听牌。很有可能我们会在转牌圈或者河牌圈击中同花而反败为胜。

但是如果对手向彩池里面的99筹码全压99筹码，我们是否有赔率去跟注呢？

我们跟注是拿着自己剩下的99筹码，去博彩池里面的99筹码和对手下注的99筹码，这时候我们需要的最低成功率是99/(99+99+99)=33%，但是我们的胜率是30.3%，小于33%的最低成功率，所以我们不够赔率去跟注追听牌，就只能弃牌。

TIPS

最低成功率是99/(99+99+99)=33%的计算方法如下：

我们跟注是拿着自己剩下的99筹码去博彩池里面的99筹码和对手下注的99筹码。假设我们需要的最低成功率为X。

那么如果我们成功（概率为X），则会赢彩池里面的99和对手下注的99就是X*（99+99）。

如果我们失败（概率为1-X），我们会输掉自己跟注的99，就是（1-X）*99。

如果我们成功赢的筹码大于失败输的筹码，那么我们就是盈利的：X*（99+99）＞（1-X）*99。可以算出X>33%就是盈利的。

那么最低的成功率就是临界点X=33%的时候，这时候我们跟注既不赢也不输，如果胜率>33%，那么跟注就是有利可图的，可以跟注；如果胜率<33%，跟注就是输筹码的打法，应该弃牌。

这里我们的胜率为30.3% 小于跟注需要的最低成功率33%，我们就只能弃牌了。

还有一种情况是，我们知道对手在诈唬，我们的牌比对手好，所以不能弃牌，但是也不能加注，因为加注会阻止对手继续诈唬送筹码给我们。

如果牌面是AdKs9s：

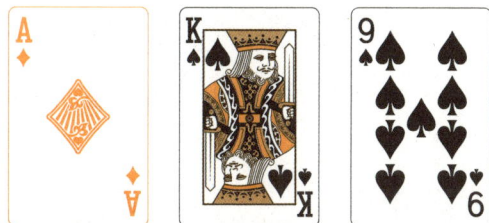

对手持有2d2s下注诈唬：

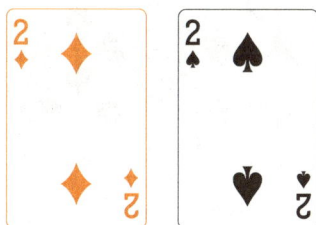

我们拿着AsKd两对，跟注比较好：

软件计算结果如下图所示。

Hand		Equit	Board:	
Player 1	AsKd	92.020%	Ad Ks 9s	select
Player 2	2d2s	7.980%	Dead	

对手的胜率非常低，只有7.9%，在转牌圈和河牌圈翻身的机会微乎其微，可以说是纯诈唬了。

这时候我们肯定不能弃牌，因为我们是远远领先的，也不能加注，因为加注会阻止对手在后面的两条街继续发动诈唬，我们就少赢了很多诈唬利润。

所以跟注会比较好，跟注给对手一个机会在转牌和河牌圈继续发动诈唬，不必现在就打草惊蛇。

假设对手拿着7s8s呢？

牌面是AdKs9s，对手持有7s8s同花听牌，我们拿着AsKd两对下注。

软件计算结果如下图所示。

Hand			Equit	Board:	
Player 1	R D	AsKd	69.697%	Ad Ks 9s	select
Player 2	R D	8s7s	30.303%	Dead	

这时候对手有30.3%的胜率，我们的AsKd两对就不能跟注，加注才是最佳的选择，为什么呢？

因为对手虽然落后，但是有很大的概率在转牌和河牌圈击中听牌而反败为胜。

面对对手30.3%的胜率，我们认为对手是半诈唬而非纯诈唬，我们这里加注，让对手跟注不合适的赔率是更好的打法。

● 如果对手弃牌，好的，我们赢下了彩池里面对手30.3%的股份。

● 如果对手跟注，也不错，我们加注给对手的赔率远低于30.3%胜率，对手的跟注数学上是不够赔率的，也就是对手的跟注是在犯错。

● 如果对手加注，更好，我们就拿着69.6%的胜率全压。

上面两个例子可以看出面对对手的纯诈唬和半诈唬我们的打法不一样。

因为纯诈唬在后面的街反败为胜的概率微乎其微，我们跟注，给对手一个机会继续发动诈唬，会更好。

但是半诈唬本身就有非常不错的胜率，很可能在后面的两条街反败为胜，所以我们必须加注给对手不合适的赔率去追听牌。

4. 德州扑克过牌的理由

我们知道了下注、弃牌、跟注的理由之后，那么我们过牌的理由呢？

过牌分为过牌—弃牌，过牌—跟注，过牌—加注。

过牌的理由也很简单：

❶ 控制彩池大小（中等牌力，过牌—跟注）。

❷ 引诱诈唬（领先对手，过牌—跟注）。

❸ 做大彩池（领先而且希望快速做大彩池，过牌—加注）。

❹ 没得选择（落后而且无法诈唬，过牌—弃牌）。

❺ 诈唬或者半诈唬（对手下注，但是准备在我们加注时弃牌，过牌—加注）。

下面用具体的案例来说明。

案例1：控制彩池大小（中等牌力，过牌—跟注）。

我们拿着中等牌但不愿意玩超级大彩池，那么如果我们下注，对手可能会加注，使得我们无法便宜摊牌。

比如，牌面是AdKs9s：

我们拿着KdJs中等对子：

德州扑克里面，大牌大彩池，小牌小彩池，通常都是正确的。

我们拿着中等牌时候，"过牌—跟注"控制彩池比较好，如果我们下注被加注的话，是非常难受的。

案例2：引诱诈唬（领先对手，过牌—跟注）。

如果我们远远领先于对手，而且知道对手喜欢诈唬，可以"过牌—跟注"，引诱诈唬。

牌面还是AdKs9h，而我们持有Ah7s顶对：

对手又是非常激进的玩家，爱诈唬，这时候我们"过牌—跟注"引诱诈唬，对付这类玩家是非常好的策略，因为他们看到我们过牌，不管什么牌都会下注诈唬。

案例3：做大彩池（领先而且希望快速做大彩池，过牌—加注）。

当我们拿着超强牌，希望尽快把彩池做大的时候，如果我们下注，就仅仅是一次下注，但是如果"过牌—加注"，那就是两次下注了。对手下注是一次，我们加注又是一次，这种打法是快速做大彩池最有效的方法。

比如，牌面还是AdKs9s，我们持有AsKd：

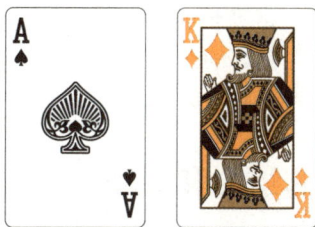

我们拿着强牌希望快速做大彩池，"过牌—加注"是非常好的选择，特别是面对激进玩家的时候，通常他们看到我们过牌都会下注。

案例4：没得选择（落后而且无法诈唬，过牌—弃牌）。

如果我们的牌非常差，而且读到对手的牌力非常强，那么我们既不能通过下注或者"过牌—加注"诈唬，对手不会弃牌；又不能"过牌—跟注"，毕竟我们的牌力太差；只能选择"过牌—弃牌"，尽量将损失降到最低。

案例5：诈唬或者半诈唬（对手下注准备面对加注弃牌，过牌—加注）。

因为"过牌—加注"是非常强力的打法，一般是有强牌希望做大彩池的时候会这么做，偶尔我们也会混合一定的诈唬或半诈唬牌在里面，谨慎的对手这时候往往会选择相信我们而弃掉他们的牌。

Chapter 4

德州扑克的数学

KEY **POINT**

德州扑克分为三个部分：逻辑、数学、心理。

前面一章已经介绍过德州扑克的逻辑，本章将介绍德州扑克的数学，即基本的德州扑克数学概率和赔率，使得我们知道什么时候继续是划算的，什么时候继续是不划算的。

4.1 德州扑克的数学——小学三年级就够了

手牌的组合的定义：发给你的两张底牌就是一个牌的组合，英文叫Hand Combo。通过学习牌的组合，我们会成为更好的读牌者。通过手牌组合分析，我们可以基于对手的行为、我们的底牌和公共牌把对手手牌范围（Hand Range）收窄至最小的范围。

4.1.1 常见手牌的组合和概率

1. 总共有52张牌，随机抽两张有1326种组合

$$(52 \times 51)/2 = 1326种$$

计算方法是先从52牌张中抽出一张牌，52种可能，然后再从剩下的51张牌中再抽出1张牌，就是51种可能，那么总共的可能是52×51。因为手牌组合不存在顺序，比如AdAs和AsAd是同样一手牌，所以存在先抽Ad后抽As和先抽As后抽Ad这两种重复情况。所以手牌组合的总数是52×51除以2，也就是1326种。

2. 特定的口袋对子有6种组合

$$4 \times 3/2 = 6种$$

比如口袋对子AA是由4种花色的A组成：As、Ad、Ah、Ac。4种花色能组成6种AA，分别是：

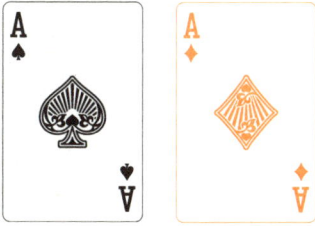

AsAd

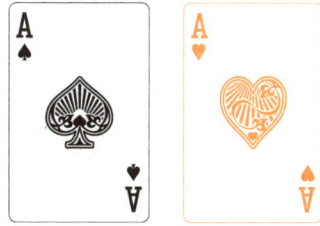

AsAh

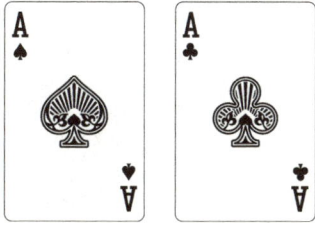

AsAc

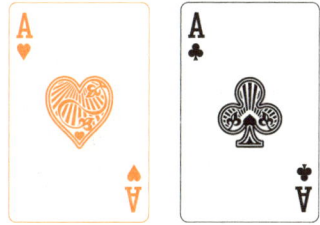

AhAc

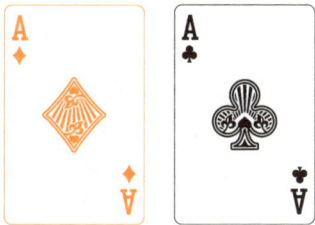

AdAc

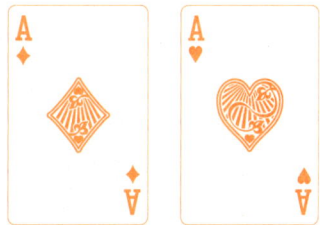

AdAh

3. 特定的非对子有16种组合

4×4=16种（同花的有4种）

比如AK是由4种花色的A和4种花色的K组成，共16种AK，分别是：

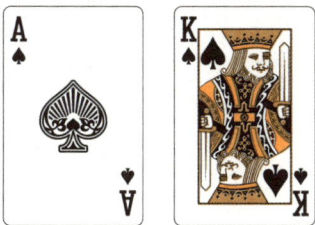

AsKs

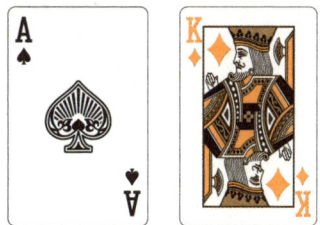

AsKd

51

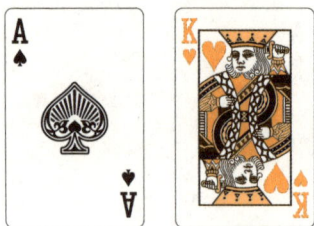

AsKh

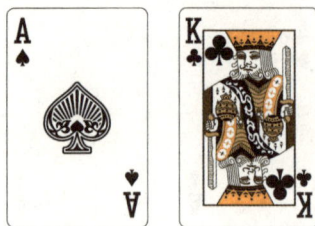

AsKc

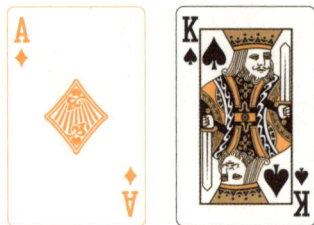

AdKs

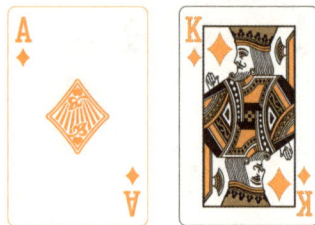

AdKd

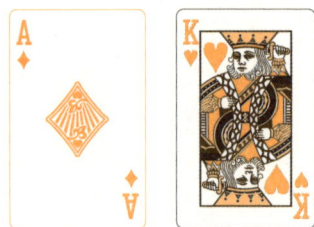

AdKh

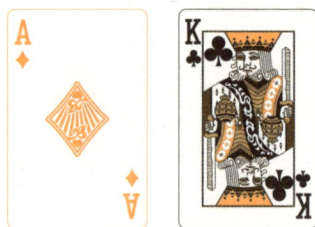

AdKc

AhKs

AhKd

AhKh

AhKc

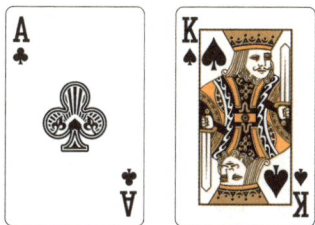

AcKs

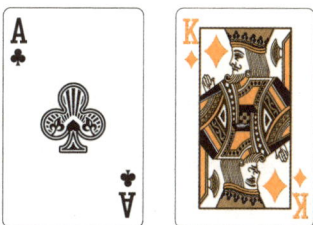

AcKd

AcKh

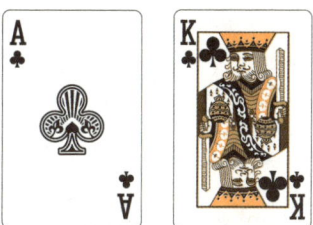

AcKc

4. 翻牌前拿到AA的概率

翻牌前拿到AA的概率为1/221，也就是平均221手牌中拿到一次AA。

计算方法是AA有6种组合，52张牌翻牌前有1326种组合，那么翻牌前拿到AA的概率就是6/1326=1/221。

当然翻牌前拿到任何特定的口袋对子的概率都是1/221，也就是221次中能拿到1次。那么拿到口袋对子的概率是1/221×13=1/17（共有13种对子，AA～KK），也就是平均每17手牌中能拿到一次口袋对子，所以拿到口袋对子的起手牌概率还是不错的。

5. 特定的暗三条（Set）有3种组合

比如翻牌圈的牌面是AdKs3h：

对手持有暗三条333的话，口袋对子只能是以下3种花色的组合：

这时口袋对子33共有如下3种组合：

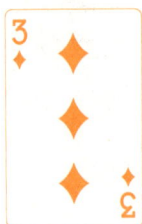   

3d3s   3d3c

3s3c

6. 特定的两对有9种组合

比如在翻牌圈AdKs3h的牌面，对手持有AK，那么只能从其他3种花色A（As Ac Ah）和3种花色K（Kd Kc Kh）组合成AK，3×3=9种组合。

Ac Kd

Ac Kh

Ac Kc

As Kd

As Kh

As Kc

Ah Kd

Ah Kh

Ah Kc

7. 特定的一对加一个踢脚有12种组合

3×4=12种

比如翻牌是AdKs3h：

如果对手持有A8，则只能从其他3种花色的A（As Ac Ah）和4种花色的8（8s 8h 8c 8d）组合成A8。

Ac8d

Ac8s

Ac8h

Ac8c

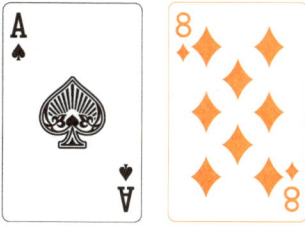

As8c

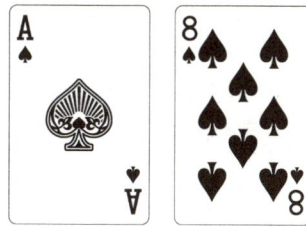

As8s

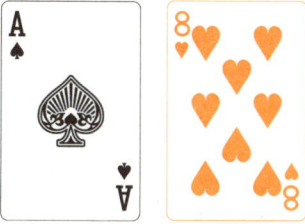

As8h

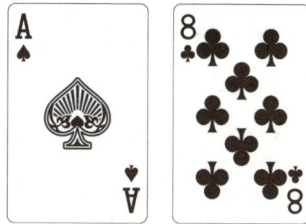

As8c

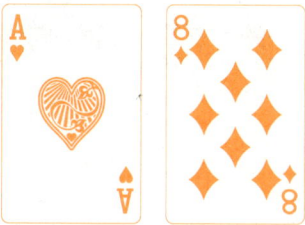

Ah8d

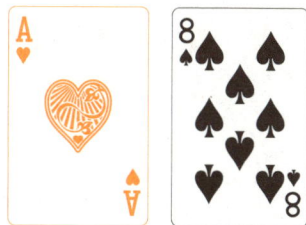

Ah8s

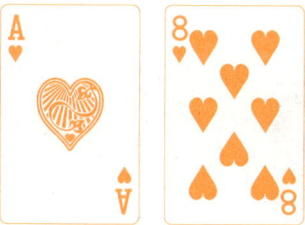

Ah8h

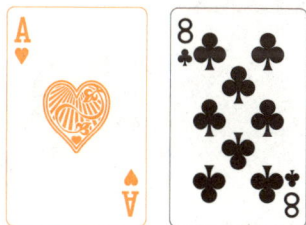

Ah8c

8. 特定的一种手牌只有一种组合

比如红心A和红心K，这样指定花色和点数的特定的起手牌只有一种。

9. 特定的同花单牌有4种组合

比如同花78s（此处s是suited的简写，是两个花色相同的意思）有4种，黑桃（s），方块（d），红心（h），梅花（c）。

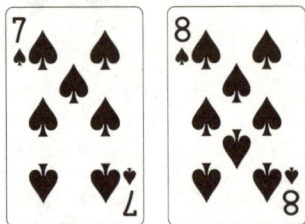

7s8s

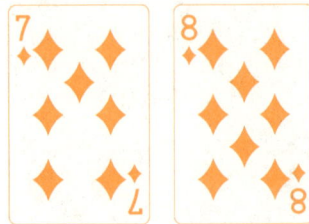

7d8d

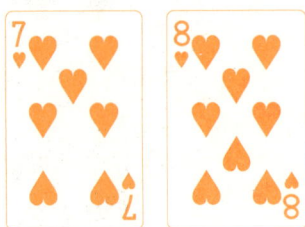

7h8h

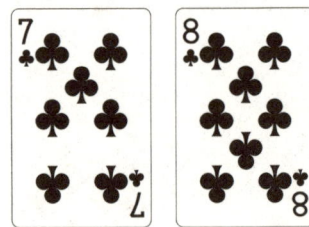

7c8c

4.1.2 举例说明

我们持有AsKh：

翻牌前在前面位置加注，所有人弃牌，小盲玩家跟注。

翻牌圈是Kd7s6h：

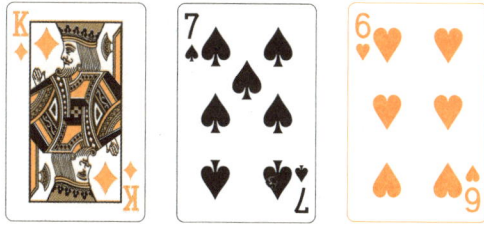

小盲过牌，我们下注三分之二彩池，小盲加注。我们现在来计算小盲"过牌—加注"的范围（range）里面有多少暗三、两对、AA、AK以及顺子听牌。

手牌组合的分析如下：

1. 暗三（7种）

1种KK：

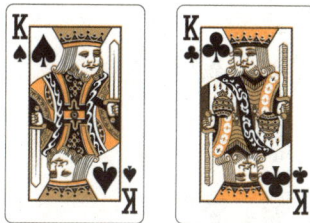

KsKc

3种77：

7h7d   7d7c

7c7h

3种66：

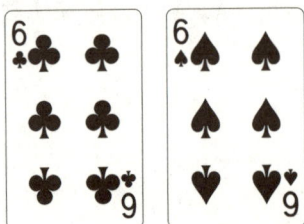

6c6s

6c6d

6s6d

2. 两对（合理的只有2种）

虽然有9种K7、9种K6、9种76，但是对手不会用K7和K6跟注前面位置玩家的加注，非同花的76也不太可能，而只会用同花的76s，而同花的76s只有2种组合：

7c6c

7d6d

3. AA（3种）

因为我们手上有一个A，剩下3种花色的A没有出现，所以对手AA的组合有3种：

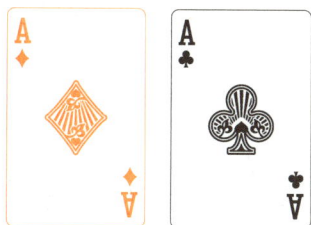

AdAc

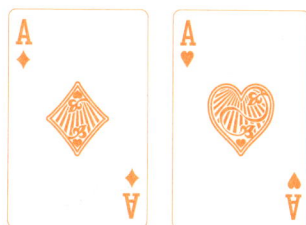

AdAh

AhAc

4. AK（6种）

剩下3种花色的A没有出现，2种花色的K没有出现，所以对手AK的组合有3×2=6种：

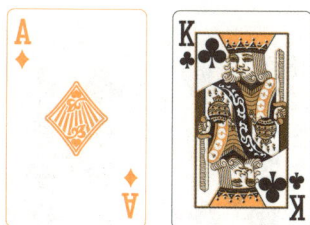

AdKc

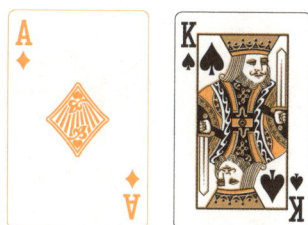

AdKs

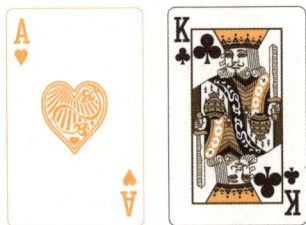

AhKc

AhKs

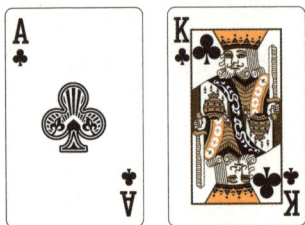

AcKc

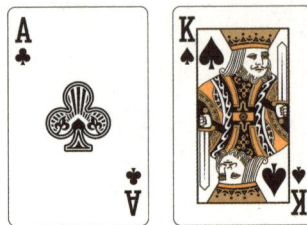

AcKs

5. 顺子听牌（4种）

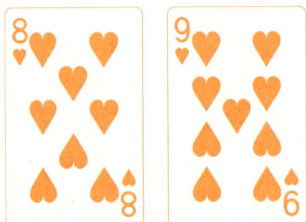

8h9h

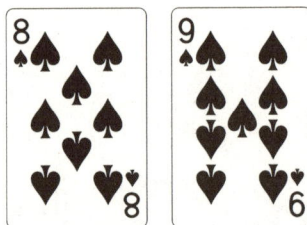

8s9s

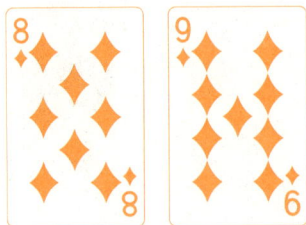

8d9d

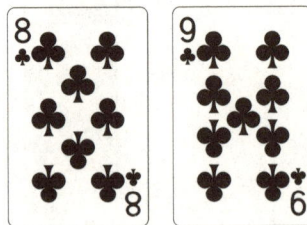

8c9c

　　合理的只有89s，因为对手不会用非坚果的听牌半诈唬，所以54不可能，对手翻牌前小盲位置也不会玩85这种垃圾牌，更不会用卡顺听牌过牌—加注。（坚果牌在德州扑克中是最大的牌的意思，比如在67x的牌面，89的顺子听牌是最大的，即坚果听牌，而58、45的顺子就称为非坚果听牌。卡顺听牌就是听一张的听牌，比如，67x的牌面，持有T9即是卡顺听牌，听一张8。）

所以合理的只剩下89的大顺子听牌，而对手不会在小盲用非同花的89跟注枪口位置的开牌加注，所以只有同花的89s。

4.2 手牌范围

根据对对手的了解，也就是对手玩牌的历史（History），来推测对手做一个特定动作时的手牌范围（Range）。

4.2.1 根据对手历史来推出合理的范围

❶ 如果对手在翻牌前一直弃牌（Fold），那么是非常非常紧的玩家，这局你在翻牌前持有AK加注，这个超紧的对手再加注，对手此时的手牌范围是AA、KK。连QQ、AK这样的牌的可能性都很小，所以你要弃牌。

❷ 上面的例子，持有AK翻牌前加注，被小盲跟注（Call），激进的小盲过牌—加注K76彩虹牌面的手牌范围是三条、两对、AA、AK、顺子听牌。当然，如果小盲很少慢玩，那么翻牌前小盲拿到AA、KK、AK会加注，可以排除3条K和超对AA的可能。

> **TIPS**
>
> 在同一种情况下不同的对手的手牌范围不一样，所以我们只是对对手的可能的手牌范围进行假设，也称为读牌。

4.2.2 范围、彩池赔率和隐含赔率

1. 范围是我们的合理假设，拒绝结果导向

比如，一个不会玩的玩家，在前面几局牌里面拿着KQ、88之类的牌翻牌前和别人全压了几次，这次你拿着KK，他再加注到全压，你跟注，却失望地发现他拿着AA。但是不要因为结果而怀疑我们KK跟注全压是错误的，原因是对手翻牌前全压的范围很广，如KQ+、88+、AQ、AK、AJ，对上这个手牌范围我们的胜率是72%。所以我们跟注全压是完全正确的。

而这局里面对手拿到的AA，只是这个很广的范围中很小的一个部分，我们是在对抗对手的整个范围，而不是AA这个特定的小部分，所以，即使我们输了这

局，但是我们的决策是完全正确的。因为我们在72%的情况下都会赢。

下图是对手全压的范围。

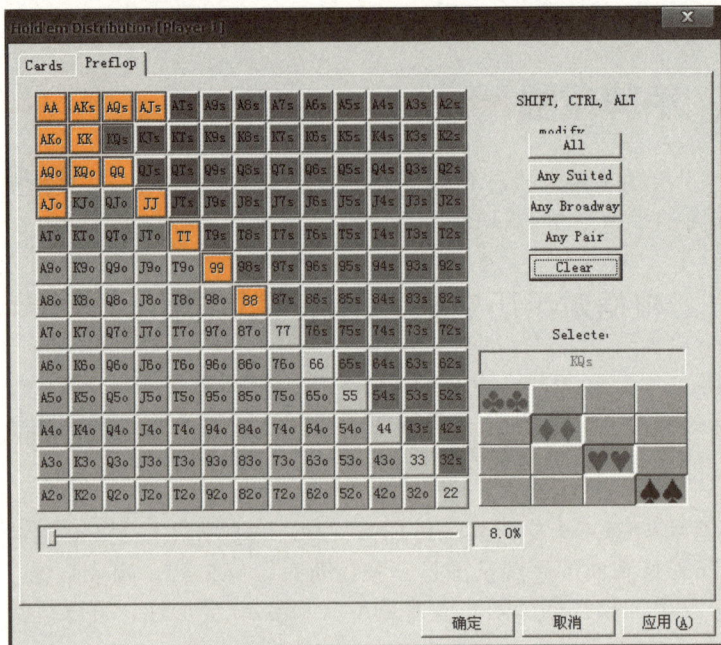

下图是我们拿着KK面对这个范围的胜率为72.1%，对抗对手的整个全压的范围，我们有很大的优势，所有应该跟注。但是对手这次恰恰落在整个全压范围里面AA这一手最强牌，不走运而已，长期打下去，我们会盈利。

德州扑克有趣的是，你无法算到对手拿到什么牌，只能根据对手以往的倾向和历史判断对手此时可能拿着哪些牌（一个范围），然后用我们的牌对抗这个范围，看是否有优势，有优势就可以跟注。因为长期下来，对抗整个范围，我们有优势，就是可以盈利的。

不过在高手之间的对抗，高手会经常调整打法，做与以往倾向和历史相反的事情，使得读牌和预判变得更加困难，而且高手也会根据你的倾向和历史判断你的范围，所以德州扑克变成了人与人之间斗智斗勇的游戏，你的对手越强，这个游戏就越有趣。

举个例子，我们持有AsAd：

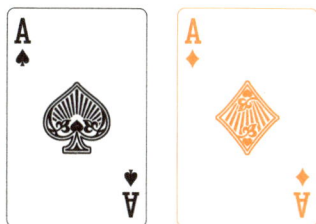

翻牌前我们在UTG（UTG是Under the gun的简写，也称为枪口位置，即翻牌前第一个行动的玩家）位置加注，所有人弃牌，小盲玩家跟注。

翻牌圈是JhTh6c：

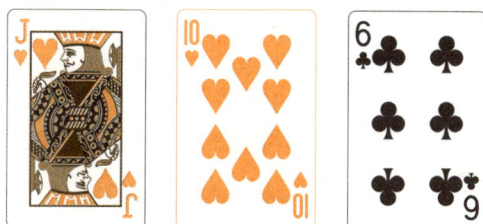

小盲过牌，我们下注三分之二彩池，小盲加注3倍。我们现在得计算小盲过牌—加注的范围里面有多少暗三、两对、AA、AK以及顺子听牌、同花听牌、A同花听牌（AhXh）。

范围的解读因人而异，你必须知道这个对手有能力用听牌半诈唬吗？对手有能力用AJ、QQ、KK、AA过牌—加注（Check Raise）吗？

如果根据对手的倾向分析，计算出合理的强牌组合（Combo）更多，比如对手很胆小谨慎这时突然加注，强牌的组合更多，我们会选择弃牌。

● 胆小谨慎玩家的范围和手牌组合。

● 三条：三个对十、三个对J、三个对6。

● 两对：谨慎的玩家不会玩T6J6，也不会玩非同花的JT（T是Ten的简写，代表10点），所以合理的两对组合是三种除了红心以外的同花JTs。

● 听牌：谨慎的玩家不会拿着听牌过牌—加注，他们只会过牌—跟注，所以没有听牌组合存在。

● 诈唬：谨慎的玩家在这里不会诈唬，所以诈唬的组合也是0。如果根据对手的倾向分析，计算出合理的诈唬组合很多，那么我们应该在知道对手是纯诈唬的时候跟注，希望对手在转牌圈和河牌圈继续诈唬，加注只会打走对手的诈唬；在知道对手是听牌的时候，再加注，迫使对手为听牌付出更大的代价。

❷ 激进的疯子玩家的范围和手牌组合。

● 三条：三个对十，三个对J，三个对6。

● 两对：疯狂的玩家会玩T6s、J6s，也会玩非同花的JT，所以合理的两对组合是2种T6s、2种J6s、9种同花和非同花的JT。

● 听牌：疯狂的玩家会拿着同花听牌和顺子听牌过牌加注。同花听牌的组合有Ah2h、Ah3h、Ah4h、Ah5h、A7、A8、A9、AhQh（不存在AhKh，疯子玩家在翻牌前就会用AhKh再加注的，所以他跟注—加注的范围里面没有AhKh）、45、78、89、KQ、K9、K8、K7、K5、K4、K3、Q9、Q8、Q7、Q5、Q4、Q3、97、95、94、93、92、85、84、83、82、75、74、73、72、53、52、43、23。顺子听牌的组合有12种非同花的89、12种非同花的KQ、12种非同花的Q9。

● 对子：不存在超对，因为疯子对手翻牌前会拿着QQ、KK、AA再加注，他跟注所以基本可以判断对手没有超对。对手可能有顶对J，比如9种AJ、12种KJ、12种QJ，偶尔也会有56、67之类的牌。

● 诈唬：疯狂的玩家在这里偶尔也会发动诈唬，所以诈唬的组合不是0。

综合上面的判断，我们预判对手的手牌范围里面诈唬、听牌、对子等落后我们的牌的合理组合更多，所以我们这里绝对不能弃牌，应该考虑跟注或者加注。

2. 概率和赔率

概率：牌与牌之间的胜率。比如AA vs 22 概率是82.2%，即胜率是82.2%。

赔率：彩池里面的筹码和下注筹码的比率，比如现在彩池80筹码，对手下注20筹码，我们的赔率是跟注20筹码去博彩池里面的100（80+20），也就是赔率是20:100，至少需要20%的胜率，这个赔率才划算。如果只有17.7%胜率，不够20%的赔率，就弃牌；如果胜率大于赔率，就跟注。

成败比：是我们胜率与对手的胜率的比率，比如AA vs 22，我们的AA胜率是82%，对手的22胜率是18%，成败比就是82：18。

Favorite（优势）：是欧美人习惯的一种成败比叫法，还是刚才的例子，我们如果是AA，就是82∶18的Favorite。

Dog（劣势）：还是上面的例子，如果我们拿着22，那就是82∶18的Dog。

Favorite和Dog都是成败比的叫法，只是82和18哪个在前面的问题。如果是Favorite，那么我们是优势大的一方，如果是Dog，那么我们是劣势的一方。

成败比（或反向成败比）跟赢面是可以互相转换的：

● 3∶1的反向成败比，意味着赢面就是1/4=25%。

● 2∶1的成败比，意味着赢面就是2/3=66.7%。

● 20%的赢面，意味着4∶1的反向成败比，或者说是4∶1的劣势。

3. 彩池赔率和隐含赔率

彩池赔率：彩池中的筹码VS你还要放进去的筹码，例如彩池中有150筹码，你还要放进去50筹码，那么赔率就是3倍。

隐含赔率：（彩池中的筹码+后续可以赢到的筹码）VS你还要放进去的筹码，例如彩池中有150筹码，你还要放进去50筹码，但是你认为后续对手至少还会下注或者跟注100筹码，那么你的隐含赔率至少是5倍。

4. 反向隐含赔率

反向隐含赔率揭示了即便你击中了你要的牌，你反而可能会输更多筹码的情形。最基本的例子是在UTG（枪口位置）用ATo加注：

在一个非常激进的牌局中我们不希望这么做，因为ATo有很多反向隐含赔率。即便我们在翻牌击中了一个A，我们会输很多筹码给AJ、AQ、AK，因为我们被主导了踢脚。更进一步地，我们不能用ATo从更弱的Ax身上榨取更多价值，因为更弱的Ax只会跟注一到两个小注，不会跟太大的注。

一个明显的例子：你持有KT非同花，翻牌前在按钮位置加注，对手在大盲位置再加注，这时候KTo是不能用来跟注的。因为即使翻牌后中了K或者T，我们也不敢打一个大彩池，没有中更是不敢打。所以中和没中对我们都不是好消息，所以KT非同花翻牌前弃牌或者再加注诈唬是比较好的选择，跟注是非常差劲的选择。

这些牌明显是输大彩池（中了之后，对子较大难以弃牌，但是踢脚不大，容易输），赢小彩池（对手一般都是比你更小的踢脚，或者更小的对子，不会支付给你太多，所以赢小彩池）。

像这样的中了牌不敢打，不中更不敢打的牌，就是存在反向隐含赔率的起手牌。我们在没有位置的时候，尽量避免玩这类牌，而且后面没有行动的玩家越多，越不应该玩这类牌。因为：

❶ 没有位置的时候无法控制彩池大小，中了牌之后比较麻烦。

❷ 后面没有行动的玩家越多，对手拿着主宰我们踢脚牌的概率越高。

当然在有位置、后面玩家很少的时候可以玩这些牌，比如，所有人弃牌到小盲，他加注，我们在大盲位置拿着KT非同花，是可以选择跟注或者再加注的。我们不太担心后面没有行动的玩家，因为我们就是最后一个行动的玩家，也不太担心位置，因为我们有位置，在翻牌后有能力控制彩池大小，当然要玩。

5. 二四法则——快速口算概率

当我们落后的时候通常都是有出牌（Outs）的。

比如翻牌是AK3的牌面：

对手拿着A5中了顶对A：

我们拿着KQ中了中等对子K：

在转牌圈（Turn）和河牌圈（River）两条街，还有2张K帮助我们成为三条，还有3张Q帮助我们成为KQ两对，来超越对手的牌力。

所以我们的出牌（Outs）是2+3=5个。

在牌桌上面我们知道了出牌（Outs），在没有poker stove计算软件的时候，口算我们的胜率。

比如：这里我们有5个出牌（Outs），如果看到转牌圈（Turn）和河牌圈（River）其中的一条街，就是二四法则中的二，5个outs×2=10%的概率击中outs，如果看到转牌（Turn）和河牌（River）两条街，就是二四法则中的四，5个outs×4=20%的概率击中outs。

二四法则是我们在实际玩牌中运用最频繁的，因为我们无法在玩牌的时候现场用软件慢慢计算，所以在职业玩家的生涯中这个二四法则是使用频率最高的，每一手牌都会用到这个法则。所以大家一定要掌握好这个口算法。

Chapter 5

德州扑克的心理

KEY POINT

　　德州扑克分为三个部分：逻辑、数学、心理。前面两章介绍了逻辑和数学，本章来探讨德州扑克的心理——人毕竟不是机器人，即使我们学习再多的扑克知识，有时候也会失去理智，变得感情用事，这时候学到的知识根本想不起来，做决策都是胡来。所以我们要学会控制心理和情绪，让我们长时间保持理性。

5.1　要想战胜别人，先得战胜自己

　　其实德州扑克的逻辑和数学都不难，都是可以通过学习轻松掌握的，但是心理这个关很困难，即使很多扑克技术很好的玩家，也是过不了心理这道坎。可以说心理是德州扑克的瓶颈。

1. 了解德州扑克的短期波动

　　德州扑克的胜率很少有100%，基本都是和对手二八开、三七开、四六开或者五五开。

　　很多时候我们是80%的胜率，对手有20%，但是短期内，对手可能连续击中20%的胜率而走运。我们虽然玩得很好，连续用80%的优势和对手全压，但是对手可能短期运气很好，连续击中几次20%，而让我们屡战屡败。

　　比如：对手连续走运四次的概率是20%的四次方，也就是 $0.2 \times 0.2 \times 0.2 \times 0.2 = 0.0016 = 0.16\%$，也就是万分之16的概率。这个也是有可能发生的。这时候我们连续做了四次完美的决策（都是以80%的巨大优势和对手全压），但是结果却连续让我们失望。

　　这个就是德州扑克的短期波动，也就是数学上面的方差。有方差就有波动，就会在短期内偏离期望值。

玩扑克的人必须接受一个事实——很多时候即使我们的决策很完美，但是短期可能会非常打击我们，而且可能是连续的打击，不是一次两次，而是连续。这时候，很多心理素质比较差的玩家，也有很多技术非常棒但是心理素质非常差的玩家容易情绪化，感情用事，觉得对手瞎玩都能连续胜出，我们绞尽脑汁做到好的决策还输掉，很难以接受。可能这些心理比较差的玩家，容易产生愤怒，绝望的心理，或者胡乱全压每一手牌，或者变得非常疯狂，或者孤注一掷地越级玩很高的级别，一个全压输掉就破产了。

我曾经一个小时内连续输掉四次翻牌前的AA全压，我拿到AA，对手和我们全压，当然我们非常高兴的全压了，但是连续四次都是输掉。可是我依然保持冷静，只是简单选择起身离开，休息一天。因此，一个玩家牌技如何是一个方面，心理如何是另一个方面。

2. 通过德州扑克评估一个人的自控能力

在前言中我们讲过，和一个人玩德州扑克就能知道这个人性格的优点和弱点。

可能在平时我们很难看穿一个人的真实性格和心理，每个人都会有粉饰和隐藏。但是在德州扑克的桌子上面，我们就非常容易看穿一个人，因为面对输赢的时候，人最容易显现最真实的一面。

如果你看到一个人翻牌前AA全压输掉一次，就大发牢骚，唧唧歪歪不停，说明这个人不是一个能够在逆境中顽强生存的人，也是一个感情用事的人。如果你看到一个人玩得很好，而且多次被坏运气打败的时候，依然玩得很好，很淡定，说明这个人有自控能力、顽强，能在逆境中轻松生存。

在现实生活中，比如创业中，肯定是经常处于逆境，各种意外和不顺利的事情会发生，那些在德州扑克牌局中非常情绪化的人肯定不是一个好的合伙人。在交朋友的时候，我们也可以参考这个人在德州扑克牌局中的心理表现，评估这个人的性格和品质。

在德州扑克的牌局中要想战胜别人，先要过自己这一关，如何控制心理和情绪是个非常重要的课题。

5.2 资金管理

德州扑克在短期是存在很大波动的，可能我们做了一个非常正确的决策，但是结果却是失败。所以我们要做好资金管理，帮助我们渡过随时可能出现的不走运时期，这个和股市金融非常像。所以很多华尔街的高层都要求员工玩德州扑克，就是为了锻炼他们的资本管理能力和纪律性。

1. 在德州扑克里，资金管理比你的天赋以及技术更重要

有了技术，经常能在有优势的时候和对手交战，使得我们能持续盈利，但是资金管理使得我们能保住盈利。

技术和资金管理哪个更重要？

当然是资金管理！

我见过不少技术非常好非常聪明的玩家破产的例子，他们破产不是他们无法战胜所在的级别，而是他们的资金管理太过于激进。只有几个买入就去玩，短期的连续几次不走运就容易破产。

即使你是这个级别中最好的玩家，如果只有一个买入，你也会99.9%破产。

因为德州扑克的短期波动太大，不可能每一个80%都会按照你的意愿成功，20%的事情时不时会发生，进而吞噬掉你所有的资金。

还有一些玩家，因为他们太自信了，或者说自负，认为别人需要做资金管理，他们自己足够聪明，所以不需要。但是扑克的波动是无情的，在波动面前所有人都是平等的，不会因为他们聪明，或者资金不足而放他们一马。

就像现实中，有能力但是心术不正的人，往往对社会产生很大的危害，而且最终会危害到他们自己。

2. 扑克是一种高波动的游戏，你无法控制短期的盈利，只能通过提高技术来达到长期的盈利

短期的盈利我们无法控制，很多人玩牌之前都给自己定下目标：今天盈利多少多少。这种心理预期是非常愚蠢的，因为德州扑克短期的波动太大，是技术无法控制的。即使是世界上最好的玩家，也会时不时输，只是他们总盈利加起来的资金远大于输的资金。

因为我们不知道小概率和不走运事情会在哪一天连续发生，即使我们发挥很好，每次都是优势一方全压，但是小概率和不走运事情连续发生的时候，我们还是会输。我们只能继续保持最佳状态，继续做在优势时候和对手全压的决策，长期结果一定是趋近于期望值的，也就是盈利的。

3. 德州扑克里的短期比你想象中的要长

德州扑克的短期波动很大，很多人会问多长才算长期？

我曾经见过一个很优秀玩家玩十万手牌，没有情绪化，决策都是非常棒，依然是输的。在扑克的世界里面十万手牌只是一个中期，不算长期。几千上万手牌属于短期，几万手牌也不算长。

所以德州扑克实际是一个高波动的游戏，而且这个波动的方差很大，能在很长的时间存在。因为对于一个现场玩家来说，一个小时玩20手牌，10万手牌可能需要玩5000个小时，即使每天玩10个小时，也需要500天，也就是将近两年。

如果这个玩家一直都不走运，可能在两年内结果都是远远偏离期望值。

不过一般来说10万手牌是个比较可信的中期了，除了极少数非常不走运的玩家（万分之一的倒霉玩家），结果一般不会偏离期望值太远。也就是打10万手牌，如果你技术好，一般的结果都是盈利的，而且和期望值比较相近。

当然100万手牌就肯定是长期了，期望值和真实的盈利结果非常相近。

不过现场德州扑克玩家基本一辈子也无法打100万手牌。

4. 资金管理就是降低我们在短期无法控制的区间内破产的几率

如果你在短期内破产了，你如何追求长期盈利？

资金管理就是准备很多买入，在短期非常不走运的时候，我们能度过难关。

2008—2009年次贷危机的时候，很多著名的公司，比如福特公司宣告破产，他们肯定是可以盈利的，技术也是一流的，但是为什么会宣告破产？现金流不够。经济形势不行的时候，长期的激进的资金管理，大量的贷款欠债，而库存的汽车无法短期变现，因为大家都没钱，很少有人买车了，所以使得现金流缺失，公司无法正常运作，而宣布破产。

福特公司相当于技术非常好的德州扑克玩家，但是资金管理非常激进，使得他们无法度过这段非常不走运的时期。即使是盈利的玩家又如何？资金管理比技术更加重要，现金为王。

5. 良好的资金管理让你能够淡然面对输掉的大型彩池以及时不时的下风期，而把所有的精力放在做最有利可图的决策而不是最低风险的决策

在资金充足的时候，即使碰到偶尔不走运的时候，也会淡定。因为输掉的只是我们资金的很小一部分，我们不会太在意这些，所以不容易情绪化，发挥依然稳定。

6. 错误的资金管理不仅让我们实实在在感受到面临破产的风险，而且还得面对担心破产的恐惧和焦虑情绪

在资金不足的时候，我们玩牌也会面对很大的压力，碰到不走运的时候，就非常容易情绪化，因为输掉的资金对我们来说是非常大的一部分。而且即使没有碰到不走运，我们也时时刻刻提心吊胆，实实在在感受到随时破产的风险，会产生焦虑恐惧等心理，影响我们正常的理性思维和决策。这样我们无法做出完美的决策，无法发挥真实的实力。

7. 良好的资金管理让我们做任何决定的依据是是否有利可图，而不是是否有大的风险

在做好资金管理的时候，我们决策的依据都是是否有利可图。但是在资金不足的时候，我们的决策依据往往是风险小，低波动，而不是有利可图。

在德州扑克里有很多激进但是有利可图的决策，如果我们资金充足我们就可以选择这种打法，只要有利润在，我们就可以采用激进的打法。如果我们资金不足，我们就可能选择波动小，风险小的打法，而错过这些可以盈利的机会。

8. 资金管理的法则

德州扑克现金桌，一般是30个买入的资金管理。

比如你玩得是2000资金上桌的游戏，那么准备60000资金是比较合理。

而且随着游戏变得激进，或者技术优势变小，我们就要准备更多买入，比如40个甚至50个。

建议大家无论如何不要低于20个买入。如果资金少于20个买入，就必须降级。

如果是德州扑克的多桌锦标赛（Multi Table Tournament，MTT），建议100个买入比较合理。这种游戏的波动太大，没有100个买入很难保证不破产。

5.3 情绪控制——ABC状态

人并不是机器人，是实实在在带有感情的动物，所以在德州扑克牌局里面，容易失去理智，偏离正常的打法，而采用感情用事的打法，也称为情绪化。

德州扑克的技术，比如翻牌前的打法、翻牌后的打法、各种高级打法、诈唬，半诈唬都相当于武功里面的招式，学到当然能有作用。但是如果内功和心法不够，往往这些招式没有太多的作用，内功和心法就是对情绪和心理的控制。

我们非常努力学习的扑克知识都是在完全理智的时候才能派上用场，当我们情绪化的时候，甚至连自己是谁都不知道，早就把这些正确的打法忘到九霄云外了，此时我们做决策都完全凭心情，可能愤怒的时候就疯狂诈唬或者死跟对手到底。

每个人都有三种状态，称为ABC状态，那么ABC状态是什么意思呢？

❶ A状态：玩扑克时我们的状态非常好，能把平时学到的完全用上，这就是A状态，即最佳状态。

❷ B状态：能部分用到平时学习到的知识，就是B状态，即一般状态。

❸ C状态：完全用不上平时学习到的知识而乱玩，就是C状态，即差劲的状态。

不是一个人很强，他就没有C状态，每个人都有发挥非常棒的时候和非常差的时候。

有的人发挥好的时候是世界第一，但是发挥差的时候可能是世界倒数第一，这是有可能的，特别是那种容易情绪化的人。

所以一定要有ABC状态的意识，当你A状态的时候就多玩牌，B状态的时候要努力恢复A状态，C状态的时候果断离桌。因为C状态的时候，你就是牌桌上面的最差劲的玩家——也称为"鱼"。

在平时应该努力改善自己的C状态，让它持续的时间更短，发生的频率更低。可能以前C状态持续一个星期，但是现在我们能控制只有一天。可能以前每个月都发生一次C状态，但是现在我们控制它每半年发生一次。

平时学习的高超打法，都是提升A状态的水平，而很多人包括很努力学习扑克知识的玩家都忽略了C状态的客观存在。再怎么努力学习高级打法提高自己，也是提高A状态，而C状态就原地踏步。所以也要有意识地提高C状态。

打个比方，每个人考试时候都有发挥问题。比如我们的平时成绩很好，努力学习，发挥好的时候能拿100分，但是发挥差的时候可能就是80分。但是有人A状态比我们差，也就是最高实力不如我们，他发挥好的时候是98分，发挥最差的时候是90分。谁的平均成绩更高？

当然是后面的同学。他的成绩在90~98之间波动，而我们的成绩在80~100之间波动，平均成绩的话他是94分，而我们是90分。

其实提高A状态很难，比如从98分提高到100分很难，但是提高C状态却很容易，从80分提高到90分是件容易的事情。所以与其把所有时间放在高级的扑克玩法上面，不如用心去提高自己的C状态，可能花的时间更少，产生的效果却更好。

TIPS

当我们处于C状态的时候，应该果断离桌，这是我们损失最大的时候。如果能在此时将损失控制在0，我们的盈利甚至可以翻倍。少输也是赢。

5.4 牌桌选择

德州扑克是一种零和博弈，是你和对手之间的斗争，你的获得就是对手的损失，你的损失就是对手的获得。所以你和玩家之间的水平是你选择桌子非常重要的因素。

❶ 一定要找比你差的玩家玩牌，即使你是世界第二强的玩家，如果你总是找世界第一强的玩家玩牌，那么你可能会输。但是你如果是世界倒数第二的玩家，如果你总是找世界倒数第一的玩家玩牌，那么你甚至可以盈利。所以牌桌选择是关于盈利与否的一个重要因素。

❷ 一定要选择平均水平比你差的牌局，如果一个桌子上所有玩家都比我们厉害，我们应该果断离桌。比如刚开始有一个差劲的玩家在桌子上面，不过后来他走了，这时候我们也应该走。因为我们可以选择更适合我们的牌桌。

呆在牌桌上一定需要一个目标，知道你在牌桌上面盈利的对象是谁，如果他们走了，你就走。而且不断评估自己在牌局里面的水平。如果在平均水平以下，也是应该离桌的，因为我们可能就是"鱼"。

Chapter 6

翻牌前打法——起承转合的"起"

KEY POINT ....

　　德州扑克是有四条街的：翻牌前（Preflop）、翻牌圈（Flop）、转牌圈（Turn）、河牌圈（River），实质就是"起-承-转-合"。

　　翻牌前就是"起"，起手牌，任何一手牌都是从翻牌前开始的。往往翻牌前的一个小错误会在翻牌后被放大，所以谨慎选择起手牌是非常重要的。

6.1 所有人弃牌到我们，我们加注的起手牌选择

　　一般来说，所有人弃牌到我们，我们要么选择加注，要么选择弃牌，高手一般不会选择被动地平跟进池。主要原因是：加注一方面能很多时候直接拿下彩池，另一方面经常能拿下主动权。

　　100个大盲的时候，永远不要第一个平跟跛入彩池，要么选择加注，要么弃牌。如果前面有人已经跛入，我们还是可以跟着跛入一些适合玩多人彩池的投机牌，比如同花连牌89s、小对子或者AXs（A2～ATs同花之类的）。

　　所有人弃牌到我们，我们有下面几种情况。

TIPS ─────────────────────────

跛入（Limp）：指在前面没有人加注的情况下，自己也平跟进来，想便宜看到翻牌。

6.1.1 我们在枪口位置第一个加注的范围

　　下图中红色的部分，就是我们在枪口位置（Under The Gun，UTG）第一个加注进池的起手牌范围。

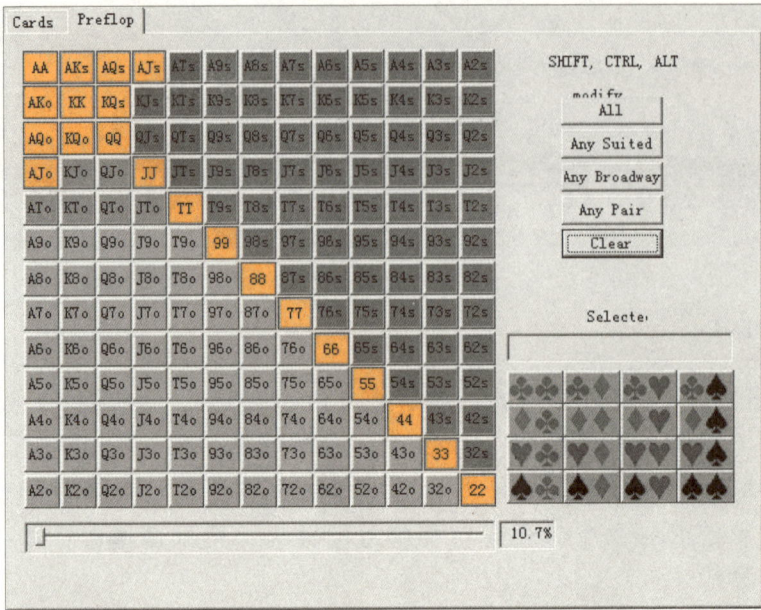

枪口位置是9人或者10人桌里面大盲左手起三个位置或6人桌里面大盲左手起第一个位置。

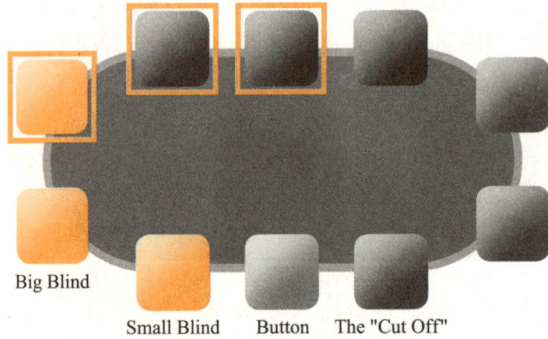

Big Blind

Small Blind   Button   The "Cut Off"

1. UTG位置的特性

翻牌前没有得到其他人牌力的任何信息就第一个行动，翻牌后大部分时候处于没有位置的境地。所以枪口位置天然的劣势和信息的劣势得靠牌力的强势来弥补，也就是说枪口位置必须非常非常紧，建议新手在枪口位置只玩10%的起手牌，而且都是成牌快、成牌强的起手牌。

必须成牌快是因为没有位置的时候，玩得街越多，位置劣势被放大得越明显，所以成牌快比较好。成牌强也是因为没有位置的时候必须要顶住多条街才能坚持到河牌摊牌。

2. UTG位置玩牌宗旨

❶ 22～AA，即所有对子。

22～TT追求翻牌圈（Flop）暗三的价值，JJ、QQ、KK、AA追求超对价值。因为对子在翻牌后成牌快，对位置的要求并不是太高，所以在枪口位置还是可以玩。

❷ 非同花高牌，如KQo、AJo、AQo、AKo。

高牌追求的是顶对顶踢脚或顶对好踢脚，来主宰对手顶对烂踢脚的价值。同样高牌成牌也快，翻牌圈出来三张就知道自己到底成没成顶对，所以相对容易玩。不建议玩AJo以下的AXo，以及KJ、KT、QT之类的垃圾牌。

❸ 同花AJs、AQs、AKs。

除了追求顶对顶踢脚的优势外，还可以追求坚果同花听牌的优势，特别是遇上喜欢玩同花连牌的对手，AXs很可能完完全全主宰对手的小同花听牌。

❹ 初级玩家不要在枪口位置玩小同花连牌和AXs。

同花连牌虽然看起来漂亮，但是成牌太晚，而且大部分时候完全错过，一般都只是在有位置的情况玩比较好。因为成牌慢，翻牌圈通常只是一个听牌，必须玩转牌圈、河牌圈，而没有位置时用听牌玩转牌圈、河牌圈，一来很难有机会偷池，二来中了也难以被对手支付。

高级别的高手对抗时，枪口位置需要玩小同花连牌来平衡自己的起手牌范围。因为如果我们从来在枪口位置不玩小同花连牌，那么在类似457或者569的翻牌圈，对手可以100%加注诈唬我们在翻牌圈的下注，因为在这样的翻牌圈，我们击中的概率极低，从起手牌的范围图片可以看到，右下角小牌一端我们能玩的牌特别少，击中小牌的概率当然就低。要么击中三条，要么就是超对或者错过。

所以在对抗高手的时候，我们必须在枪口位置玩同花连牌，一方面保护我们在低端翻牌圈的范围，另一方面可以让我们的加注变得更加有迷惑性。不过小同花连牌在枪口位置加注以后，翻牌后特别难操作，没有位置需要玩多条街，所以没有很高的技术是无法玩的。

因此我建议初级玩家不要在枪口位置玩小同花连牌，但是在高手之间对抗的时候，小同花连牌在枪口位置是要玩的。

6.1.2　我们在中间位置第一个加注的范围

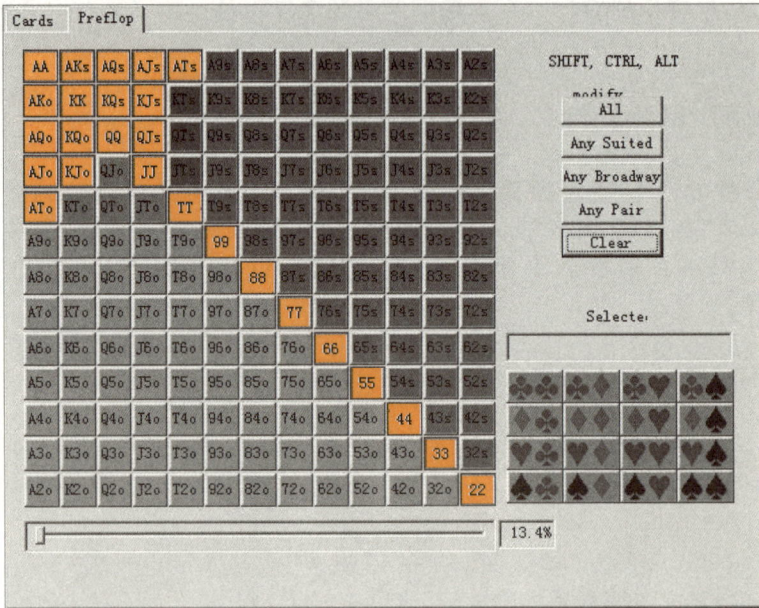

上图中红色的部分，就是枪口位置玩家弃牌之后，我们在中间位置（Middle Position，MP）第一个加注进池的起手牌范围。

中间位置是9人桌里面枪口位置后面两个位置，或者10人桌里面枪口位置后面三个位置，或者6人桌里面大盲左手起第二个位置。

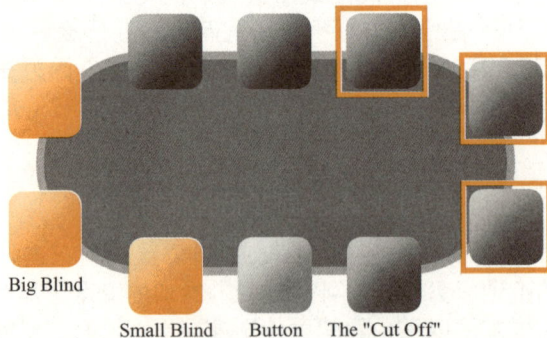

第一个加注的意思是前面枪口位置三个玩家都弃牌到我们，我们选择加注的起手牌范围（如果前面已经有人加注了，我们会玩得更紧，在后面我们会介绍前面有人加注，我们的起手牌选择）。

MP位置的特性：

比枪口位置稍微好一点，但是翻牌后大部分时候也会处于没有位置的境地。所以MP位置也必须非常紧，只能比枪口位置稍微松一点点，可以加入KJs、QJs、JTs、QTs、A9s。

实际中MP位置和枪口位置区别不是很大，所以都必须非常紧，玩牌的宗旨也是成牌快，成牌强（牌力强到足够我们在翻牌圈快玩），毕竟在没有位置的情况下，玩得街越少，我们位置的劣势就体现得越小。

6.1.3 我们在关煞位置第一个加注的范围

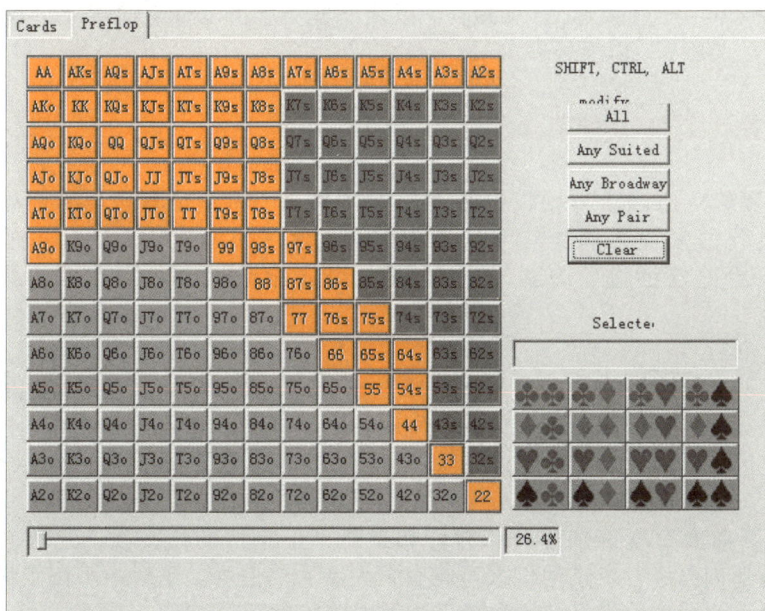

上图中红色的部分，就是枪口和中间位置玩家弃牌之后，我们在关煞位置（Cut Off，CO）第一个加注进池的起手牌范围。

关煞位置是按钮位置右边第一个位置。

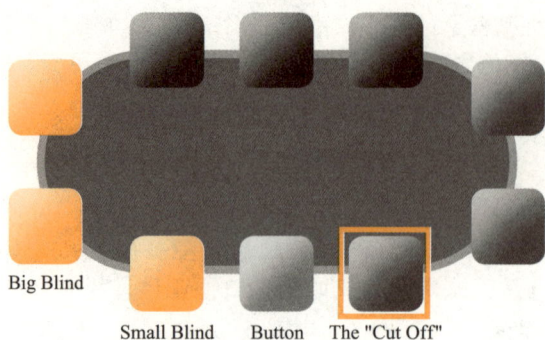

Big Blind
Small Blind   Button   The "Cut Off"

1. 关煞位置的天然特性

你的后面只有一个对手对你有位置，也就是说大部分的翻牌后我们都是处于位置优势的，所以有了位置优势的存在，我们可以大大地降低起手牌的标准。

除了UTG和MP位置的起手外，当所有人弃牌到我们时，我们还可以加注玩同花连牌（54s～JTs，86s～KJs），以及一些不强的非同花高牌（JTo、QTo、KTo、Q9o、K9o），以及所有的A2s～AKs。

2. 关煞位置玩牌的宗旨

❶ 我们之所以玩得松，是因为后面只有一个按钮位置可以威胁到我们。如果盲注玩的紧，我们常常可以"偷"得盲注，如果盲注玩的松，他们在翻牌后大部分时候错过翻牌圈，过牌（Check）给我们，我们在翻牌圈也可以"偷"。

❷ 可以玩KTo之类的非同花的高牌，追求一点顶对价值，但是我们的顶对踢脚不是很靠的住，所以在追求价值的同时，注意控制底池，如果对手不让控制，强行对我们施压，我们要做好弃掉顶对差踢脚的心理准备。

❸ 当前面有玩家加注开牌时，如果对手不是特别松，我们还是必须得收紧，因为他们已经在发送他们很可能有强大牌力的信号。这时由不得我们太松，特别是新手在翻牌后没有利用位置来给对手施压的高超技艺。

❹ 我们可以用超强牌比如AK、AA、KK、QQ来再加注，混合一定比例的同花连牌比如98s、JTs。对前面位置紧的玩家我们更倾向于用超强牌来再加注，希望打全压。对很松的"鱼"，我们可以用很多牌来再加注，比如KQs、KQo、AQ、AJ、88以上的对子，只要你确信"鱼"会用被你主宰的牌来跟注，我们就应该更多的再加注隔离鱼。（如果你还是新手，就从超强牌再加注开始，然后慢慢加入一些非超强牌，直至你自己能完全驾驭。）

❺ 如果前面有玩家跛进（Limp），我们更倾向于用AXs来跟注，而不是加注他们，因为我们希望对手用小的同花连牌跟我们的AXs对抗，我们完完全全在翻牌，在翻牌前我们就预谋大同花碰到小同花的"冤家牌"。

❻ 此时我们的小对子，"偷"的价值更大，中暗三追求隐含赔率退居其次，不管是翻牌前"偷"得盲注也好，还是在翻牌后连续下注"偷"得彩池也好，反正"偷"是第一，隐含赔率是第二。只有碰到非常非常紧的玩家，隐含赔率才有保证。

❼ 注意观察我们后面的按钮位置的玩家，根据他的玩法，来调整我们的策略。如果按钮位置是个高手，知道我们在CO位置很松，而在翻牌前会频繁再加注我们，或者平跟我们，然后在翻牌后利用位置缠打、咋呼、半诈唬我们。我们就必须收紧起手。如果按钮位置玩家玩得不是很好，很紧，也不凶，我们就可以放开CO的范围到30%，他把按钮位置拱手让给我们，恭谨不如从命。

❽ 注意盲注位置玩家是否不喜欢别人"偷"他的盲注，是否会频繁再加注或压缩（Squeeze），来调整我们翻牌前的策略。（压缩打法是前面有人加注，有人跟注，我们再加注。）

❾ 我们可以利用位置玩同花连牌，同花连牌一般都要玩转牌圈和河牌圈，而我们在翻牌后有位置，玩得街数越多，我们位置的优势就体现得越明显。不过我们不停判断要注意弃牌率（偷）和隐含赔率（中），如果我们觉得对手牌力不强，我们更倾向于下注或者加注来"偷"，如果我们觉得对手牌力很强，我们更倾向于多过牌，看免费牌，希望强牌，来赢个大大的"锅"。只要注意好这两个方面，我们就可以把位置的优势在翻牌后演绎得淋漓尽致。

6.1.4 我们在按钮位置第一个加注的范围

下图中红色的部分，就是枪口、中间、关煞位置玩家弃牌之后，我们在按钮位置（Button，BTN）第一个加注进池的起手牌范围。

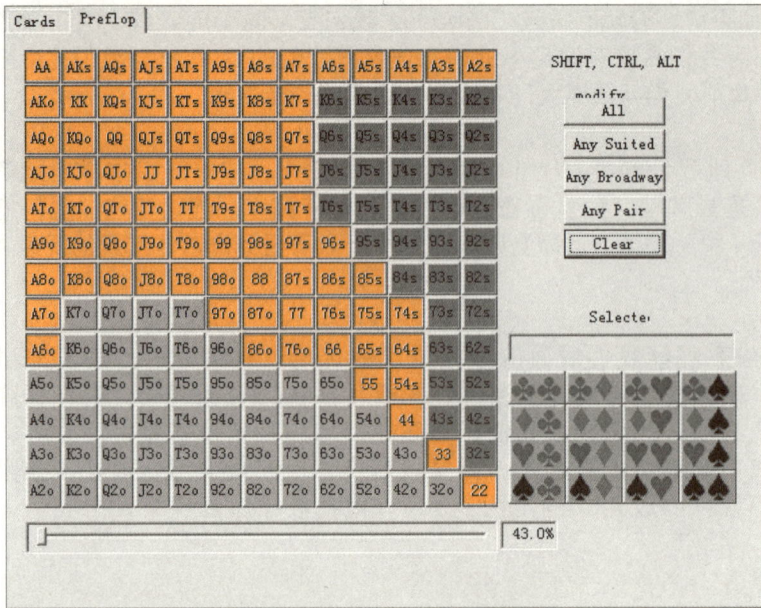

按钮位置如下图所示。

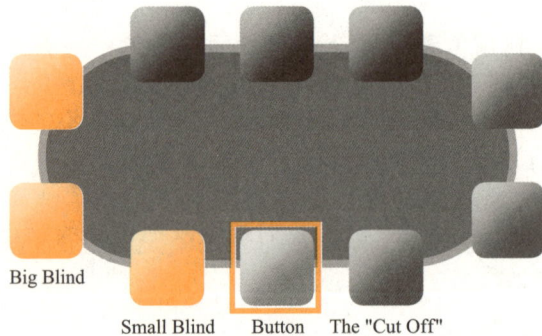

Big Blind

Small Blind   Button   The "Cut Off"

当所有人弃牌到我们按钮位置的时候，我们通常会选择非常广的加注，因为我们有巨大的位置优势。而且我们能玩同花连牌，拿着AXs都能玩投机牌，因为我们有位置能玩成牌慢、成牌弱的牌。

6.1.5 我们在小盲位置第一个加注的范围

下图中红色的部分，就是所有人弃牌到小盲位置（Small Blind，SB），我们在小盲位置第一个加注进池的起手牌范围。

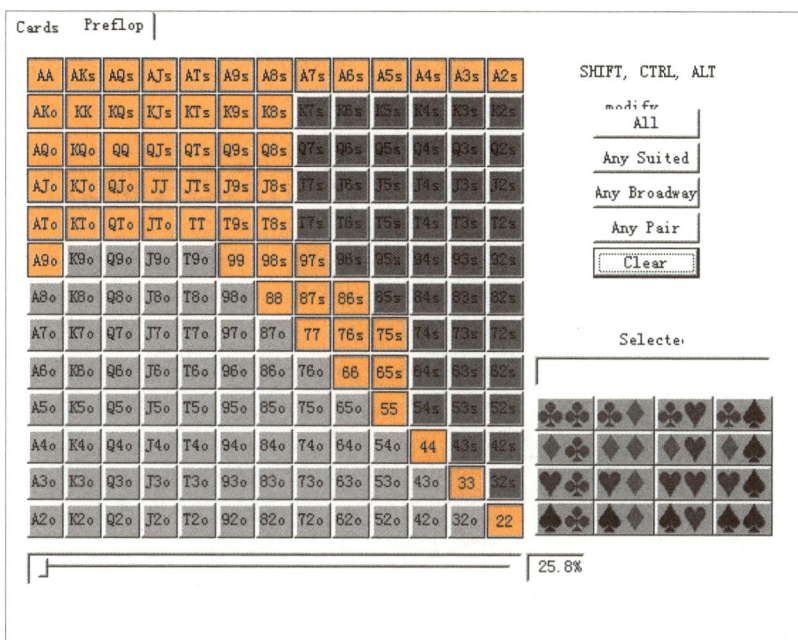

小盲位置如下图所示。

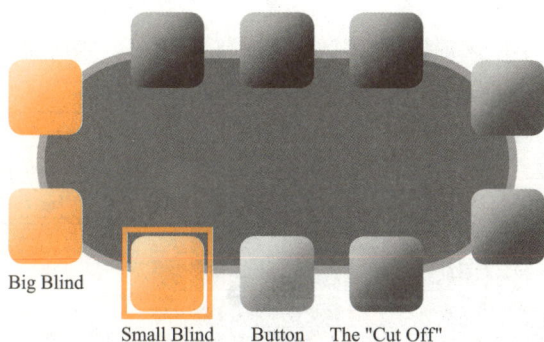

Big Blind

Small Blind   Button   The "Cut Off"

小盲位置玩牌宗旨：

　　小盲位置是个有趣的位置，所有人弃牌到我们，后面剩下一个玩家，而他有大牌的概率显然不高，所以使得我们有放松自己加注范围的意愿。但是另一方面，我们在翻牌后没有位置，一旦大盲玩家跟注或者再加注，我们在翻牌后比较难打，使得我们有收紧自己加注范围的意愿。所以小盲位置必须在这两个因素中找到一个平衡。

　　如果后面的玩家非常被动，而且非常紧，我们打翻牌后的概率很低，那么可以放开加注的范围，甚至可以加注60%的牌。如果后面的玩家非常激进，而且非常松，我们打翻牌后的概率很高，那么我们必须收紧起手牌的范围，甚至只加注15%的牌。上图中列出的起手牌只是平均起手牌，也就是不知道对手倾向的时候的起手牌，如果知道对手的倾向，可以做适当的微调。

6.2 前面已经有人加注，我们的起手牌选择

6.1节讲的是前面所有人弃牌到我们，我们第一个加注的范围。但是常常也会碰到前面已经有人加注，我们该如何抉择呢？

首先回答一个问题，前面有人加注了，我们有几种选择？

三种：跟注、再加注、弃牌。

1. 跟注

我们跟注别人的原因有两种：

🔸 投机三条，企图击中三条而清空对手。（vs 紧手或者"鱼"）

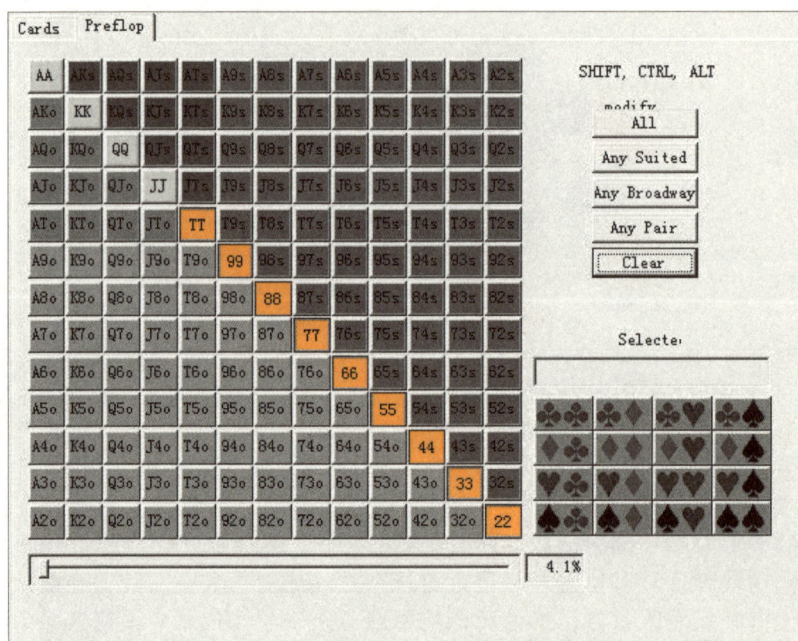

上图中红色的部分，就是前面已经有人加注，我们用中小口袋对子跟注投机三条的起手牌范围。

当然投机三条的对象一定是紧手玩家或者"鱼",也就是必须存在隐含赔率。因为玩口袋对子在翻牌圈击中三条的概率是七分之一,也就是七次翻牌圈中有一次是能击中三条的。所以基本上我们会输六个彩池,而赢一个彩池。那么我们赢的这个彩池必须除追回前面六个输的彩池之外,还需额外盈利更多才划算。

如果我们投机的对象是非常松的玩家,那么对手的起手牌可能非常差。我们七次里面六次没有中三条而选择弃牌,而中三条的那一次也很难赢一个大型彩池,因为对手起手牌很松,他在翻牌圈很多时候都是错过或者击中一个小对子,很难支付一大笔给我们,使得我们输六次而赢一个小彩池,因此投机三条变得不划算。

所以我们投机三条的对象一定是紧手玩家或者"鱼"。因为紧手玩家击中强牌的概率更高,我们得到支付的概率更高。"鱼"的话,很多时候击中弱牌依然会支付给我们很大一笔。

❷ 主宰踢脚,企图中了顶对,而踢脚比对手大,而赢一个中等彩池。(vs松手)

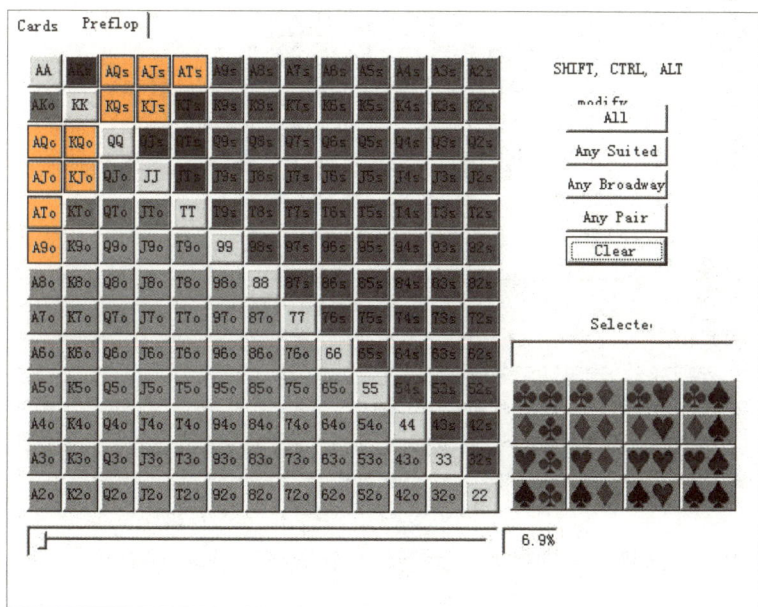

上图中红色的部分,就是前面已经有人加注,我们用高牌跟注投机顶对的起手牌范围。

很难给出一个跟注对手而企图主宰踢脚的起手牌范围,这里还是给出了一个。不过,我们跟注的范围会根据对手的起手牌不一样而不一样。比如一个玩家非常紧，他在枪口位置只会加注AK，连AQ都会弃掉的话，我们在后面位置拿到AJ、AQ之类的牌也是必须弃牌的，因为跟注的目的是企图主宰对手的踢脚，而对手现在主宰踢脚，我们就必须弃牌了。但是，如果一个对手超级松，在枪口位置会加注任何A，那么可以拿着AJ去跟注，因为我们好于对手的平均Ax，能经常主宰对手的踢脚。

❸ AA、KK、AK、QQ引诱后面的再加注。（vs 后面有一个超级喜欢再加注的玩家）

起手牌是AA、KK、AK、QQ的话，95%的时候我们都会选择再加注，但是如果后面有一个特别喜欢再加注抢彩池的玩家，那么我们用超强牌跟注前面的加注而引诱后面玩家的再加注，然后我们选择全压。

2. 再加注

讲完用什么牌跟注前面的加注之后，讲讲用什么牌再加注。

当我们拿着超强牌的时候通常要选择再加注，希望翻牌前投入的筹码越多越好，因为我们的胜率太高了。

比如，拿着AA、KK、AK、QQ。

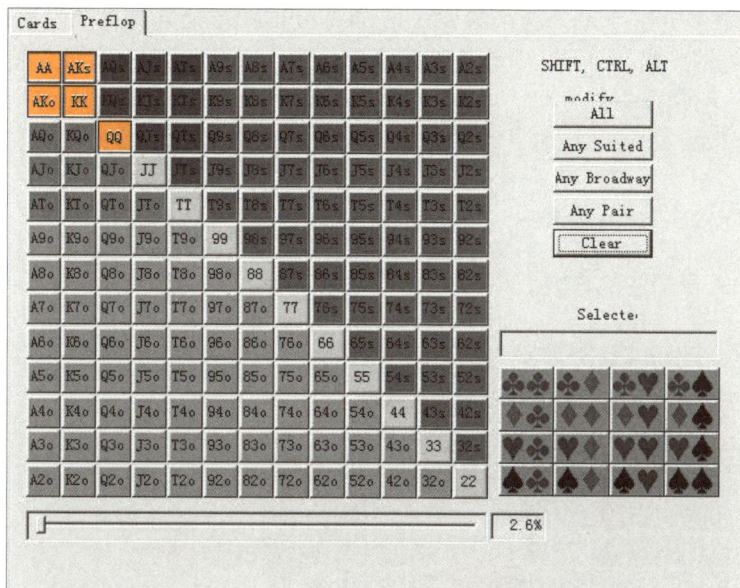

因为我们拿着超强牌会再加注，所以可以偶尔加注一次其他的牌混合，否则一般人都会看出来我们再加注就是超强牌，而很少获得行动。

混合再加注的范围有两种：

❶ 加宽再加注的价值范围。（vs 特别爱跟注再加注的玩家）

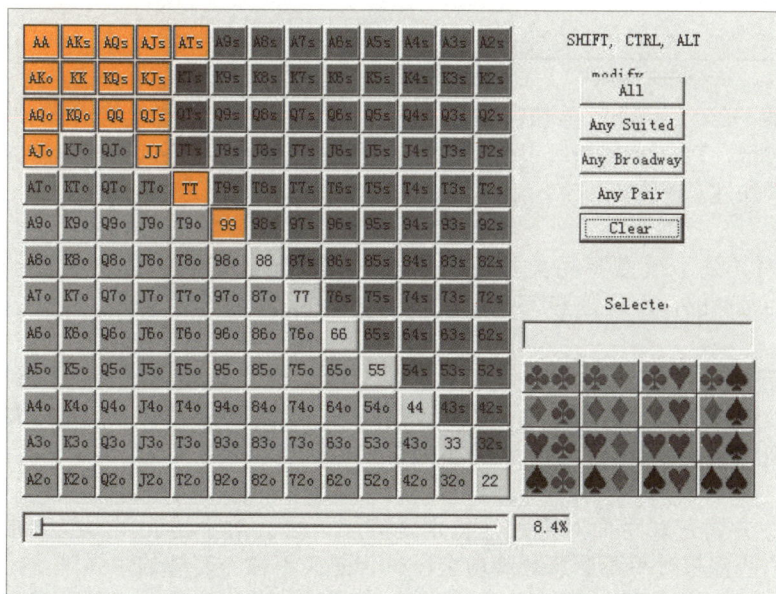

对付特别爱跟注再加注的玩家，我们可以拓广再加注价值的范围，也就是用来再加注的牌是超强牌+中等偏强牌。这样使得他们经常被我们主宰踢脚，而使得我们长期获益。

比如，对手爱跟注再加注，喜欢用KTs之类的牌跟注再加注，而我们用KQ之类的牌再加注之后，当我们都中了顶对，通常能清空对手。

❷ 加入再加注的诈唬。（vs 面对再加注容易弃牌的玩家）

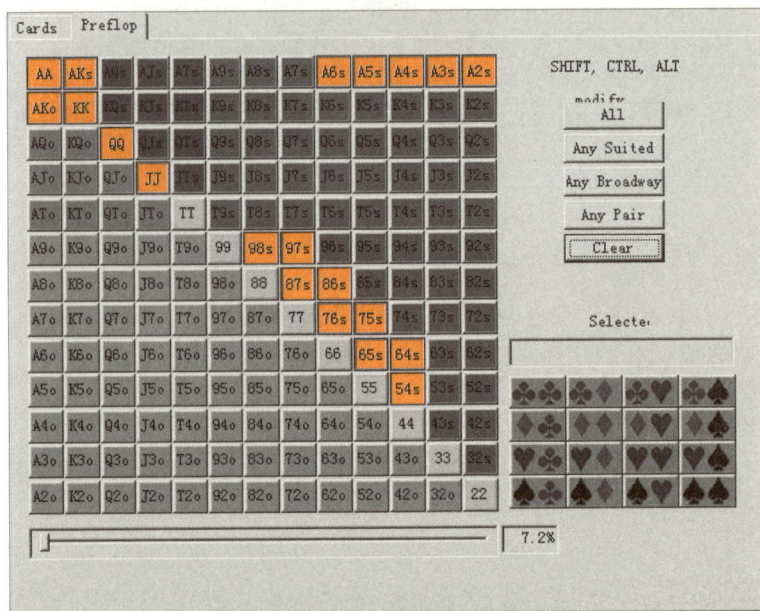

如果一个对手面对再加注特别容易弃牌，那么我们就没有必要用AQ、TT（口袋对十，T是ten的简写）之类的牌再加注浪费价值而是选择一些牌力相对较弱的牌再加注。

我们尝试了很多不同类型的牌再加注诈唬，比如22～77小对子、K8o、K5s、9Ts之类的，发现这些牌再加注一旦被跟注之后就非常麻烦。

原因是，小对子翻牌后如果没有中三条，通常都是翻牌有两张到三张高牌，而我们没有提升的潜力了，所以使得翻牌后非常难以操作，也就是翻牌后必须依靠纯诈唬抢彩池。所以小对子不适合初级玩家用来再加注。

另一方面，对手面对再加注特别爱弃牌，那么对手喜欢用哪些牌跟注再加注呢？一般都是对手不愿意翻牌前全压，但是又不甘心弃牌的中强牌。比如AQ、AJ、KJ、KQ、TT、99、88。如果我们用Kx或者Qx再加注诈唬，那么常常会被对手主宰踢脚，而非常难打，毕竟对手跟注再加注的范围里面有很多K和Q。所以K8o、K5s之类的牌也不适合初级玩家再加注。

同理，9Ts、TJs也不适合再加注诈唬。因为对手跟注再加注的范围是中等牌或高牌居多，也就是T、J、Q、K、A居多，而9Ts、TJs、QJs这类大同花连牌成为顺子听牌或者对子都需要击中T以上的牌，而经常和对手的范围撞车，使得我们被主宰。所以大同花连牌也不适合初级玩家再加注。

但是5、6、7、8、9组合成的同花连牌或者同花隔张都是非常好的再加注诈唬的牌。因为我们不会和对手在高端牌面撞车，而且在低端牌面我们有非常大的优势。而且小同花连牌有很大的隐蔽性，往往能在翻牌后出其不意赢得一个超级大彩池。

A2～A6s适合再加注诈唬的原因是，即使对手有对子，我们的A2～A6s也有30%的赢面，而且很少和对手的范围撞车。

3. 弃牌

讲完用什么牌跟注和再加注之后，排除法，剩下的既不能用来跟注，也不适合再加注的牌，就选择弃牌。

例如：一个超级松的对手在按钮位置加注，我们在小盲位置拿着44，怎么打？

首先可以考虑跟注投机三条，因为对手超级松，所以我们投机三条不划算，七次中输掉六次，如果最后一次击中三条但对手的牌很弱，那么只能赢一个小彩池。所以不能投机三条。然后考虑再加注，因为我们没有位置，而且小对子不适合用来再加注诈唬，因为对手跟注之后，如果翻牌没有三条，那么通常就是有两张高牌或者三张都是高牌，我们将非常难打。所以也不能再加注，就只能选择弃牌。

例如：一个超级紧的玩家加注，我们拿着ATo，怎么打？

我们再加注不太合适，因为对手有强牌的概率太高，这不是一个再加注诈唬的好时机。跟注也不太合适，因为对手超级紧，所以对手如果要玩A，就一定是AK或者AQ，那么我们的ATo通常都是被主宰踢脚的，所以只能选择弃牌。

例如：一个正常玩家加注，我们拿着52o怎么打？

52o牌力太差，简单弃牌就可以了。如果玩这类牌，通常翻牌前的这个小错误会在翻牌后被放大，最后可能导致输一个超级大彩池。所以不如翻牌前选择安全的弃牌。

6.3 起手牌的微调

通常来说我们的起手牌都是按照这章所讲的，但是也会根据情况不一样做一些微调。

❶ 越是激进的牌局，我们越是偏向于玩得更紧一点，去掉起手牌里面比较弱的。

因为如果我们玩得松，会被激进的对手经常再加注，而处于很艰难的境地，所以调整起手牌玩得更加紧一点。

❷ 越是被动的牌局，我们越是偏向于玩得更松一点，在前面的起手牌图片里面显示的牌之外还可以稍微添加一点牌进来。

因为被动的牌局，我们被再加注的概率非常低，而且在有位置情况下翻牌后会更加好打，所以在有位置的情况下可以稍微玩得比标准起手牌更松一点。

❸ "鱼"也会影响我们的起手牌选择。

德州扑克就是一种风险投资。翻牌前投入的筹码就是投资风险，潜在赢得的彩池就是投资回报。当牌局中有"超级大鱼"存在的时候，只要"鱼"参与彩池，我们可以稍微玩得松一点，因为相对于超级高的投资回报来说，翻牌前的投资风险可以接受。

例如：枪口位置玩家加注3个盲注，我们拿着98s在按钮位置，大小盲注都是"超级大鱼"，我们这时候可以选择跟注。本来98s这种牌比较弱，既不能投机三条，也不能主宰对手的踢脚，不在我们跟注别人加注的起手牌范围内，但是由于大小盲注有"超级大鱼"存在，有潜在的超级高的投资回报，所以我们可以选择跟注，引诱"鱼"跟进来，玩一个多人彩池。但是如果大小盲注都是非常厉害的玩家，这时候我们的98s是要弃牌的，或者偶尔来一个再加注诈唬，绝对不能跟注。

Chapter 7

翻牌圈打法——起承转合的"承"

KEY POINT ··

德州扑克是有四条街的，实质就是"起-承-转-合"。翻牌前是"起"，起手牌，任何一手牌都是从翻牌前开始的。翻牌圈（Flop）就是"承"，承接了翻牌前的计划，在翻牌圈（Flop）三张牌出现之后玩家之间重新评估自己的牌力然后做出新的决策。

7.1　持续下注

如果我们是翻牌前的加注者，那么通常可以在翻牌圈（Flop）继续下注。

7.1.1　持续下注理论

1. 什么叫持续下注

翻牌前我们是最后的下注者或者加注者，也就是翻牌前我们是最后的激进者身份，在翻牌圈（Flop）三张牌出来之后，我们第一个下注，就叫持续下注。

2. 为什么我们在翻牌前作为激进者身份，翻牌圈后没有位置的对手总会过牌给我们

❶　如果对手中了非常强的牌，他希望过牌（Check）给我们，不管我们中还是不中，都会持续下注，他可以至少赚一个持续下注的便宜，如果他主动下注（Donk Bet），再加上我们的牌很差，我们会直接弃牌，而赚不到我们错过的时候的筹码，只能赚我们中了的时候的筹码。

❷　如果对手什么也没有，一般就过牌（Check）、弃牌（Fold）了，毕竟没有位置想发动诈唬还是很难的。

❸ 如果对手中了中等牌力的牌，比如中等对子、顶对弱踢脚、同花听牌、顺子听牌，一般都会过牌给我们，因为害怕自己的下注会被加注而不得不放弃自己本来还不错的牌。

3. 持续下注的数学依据

翻牌前两个人同时拿着两张底牌，看到翻牌圈的三张牌之后，这三张牌击中对手手中两张底牌的几率是33%，也就是说大部分时候对手错过了翻牌（66%），所以不管你中还是没中翻牌，在数学上持续下注都是有利可图的，毕竟有天然的66%的弃牌率存在。

4. 不要问自己为什么要持续下注，要问"为什么不"

很多人看到翻牌圈的三张牌出现之后，总是问自己要不要持续下注，为什么要在这种牌面持续下注等问题。这种思维要不得，因为前面提到了，对手66%的情况下错过了翻牌，即使闭着眼持续下注都是有利可图的。所以为了让我们的持续下注更加有利可图、更加完美，就只需要"不得不过牌的理由"，而不是"持续下注的理由"。

5. 持续下注在低级别的意义

据我自己的经历，在低级别只要做好了起手牌的选择和持续下注，就能在这个级别持续盈利。可见持续下注的重要性有多么大，当然很多人都做不到这点，要么盲目的100%持续下注任何翻牌（有利可图，但是其中也夹杂了一些错误的情况，也就是有时候不该持续下注时也持续下注了），要么就是玩得很被动，只有自己中了时就持续下注，没中时就过牌准备放弃。

这两种错误，后面一种是更大的错误。

6. 持续下注的依据

❶ 翻牌圈三张牌的联系性。

比如：翻牌是K52r这种比较"干燥"（"干燥"就是很少有听牌存在）的牌面，击中对手的可能性小。而翻牌是789两花，这种牌面比较"湿"（"湿"就是听牌和成牌都很多），击中对手的可能性很大。

翻牌圈三张牌联系性越强，击中对手的可能性就越高，这种翻牌只有我们击中了非常强的牌才持续下注（也就是保证翻牌击中了对手，而我们击中得更加厉害）。而"干燥"的联系性弱的翻牌，击中对手概率小，我们要几乎100%的持续下注。

❷ 我们的手牌在翻牌出来之后的价值（Equity）。

一般我们持有的牌价值越高，越应该持续下注，这时持续下注的目的是为了价值（让更差的牌错误地跟注或者加注）。我们持有的牌价值非常低时，看情况持续下注，这时持续下注的目的是诈唬（让更好的牌错误地弃牌），为什么要看情况，因为必须先考虑翻牌击中对手的概率有多大，击中得程度有多大，我们的下注让他放弃的概率有多大，只有权衡觉得有利可图之后才实施诈唬式的持续下注。

❸ 对手的倾向。

如果对手是个很不愿意弃牌的跟注站（Call Station），那么我们要选择在击中什么牌时持续下注，更多的价值下注，更好的诈唬、半诈唬。如果对手是个紧弱的玩家，也就是不愿意玩麻烦牌（比如中等对子、卡顺之类），我们多诈唬、半诈唬，当我们牌一般时，过牌来避免麻烦的局面，因为他如果要翻牌，在转牌圈我们还是可以下注（bet）拿下的，如果他准备加注，我们在翻牌圈过牌就避免了被加注出局的困境，而当我们牌力很强时，持续下注准备跟他玩个全压。

❹ 对手的翻牌前起手牌范围击中翻牌圈三张牌的程度。

这时就要求我们的读牌能力了，如果我们对对手翻牌前的起手牌范围有个大概的估计，那么翻牌圈三张牌出来之后我们就大概知道击中对手的程度有多大。当击中对手程度大时，我们一般避免诈唬、半诈唬，仅仅价值下注。当击中对手程度小时，我们多多诈唬、半诈唬，价值下注就得视情况而定。

❺ 翻牌前是否再加注（3bet）过。

如果翻牌前3bet过，应该比平常的翻牌更高频率的持续下注，因为彩池变得更大，我们争夺彩池的欲望也更加强烈。

比如我们翻牌前拿着AKo再加注对手：

对手跟注，翻牌是QT3r：

平时我们可能会过牌来保护自己的手牌，但是在再加注的彩池里面我们不必太担心保护自己弱的手牌，因为彩池足够大了，立即拿下更加有吸引力。如果被跟注，我们还是有机会击中J、K、A而成为最好的牌。被过牌一加注也不可惜，因为对手很少拿着比KK更差的牌过牌一加注这种牌面，特别是在再加过的彩池里面，诈唬的代价更大，所以对手的过牌一加注更加使我们安心地放下AK，毕竟对手的过牌一加注告诉我们，即使我们中A或者K都不一定是最好的牌，只有中J才可以，我们此时弃牌，完完全全正确。

7. 放弃持续下注的理由

持续下注不需要理由，放弃持续下注才需要理由。

前面已经讲过了，持续下注在数学上是完完全全有利可图的，因为对手66%的几率不能击中翻牌，所以即使我们100%的持续下注任何翻牌，考虑66%的这个因素存在，我们的持续下注都是有利可图的。所以为了让我们的持续下注更加完美，更加+EV（积极的预期价值），我们仅仅需要知道在哪些少数情形下，要放弃持续下注，而是选择过牌的策略。

❶ 对手是个很凶的玩家，而我们的牌击中了翻牌，但是击中得不厉害，即牌力中等，经不起对手的加注，此时应放弃持续下注。

对手喜欢"过牌一加注"很多翻牌圈，"过牌一加注"范围里面肯定有很多咋呼和真刀真枪的混合。所以面对这种对手，我们用超强牌（对手愿意玩全压）和完完全全的咋呼牌（对手面对加注愿意弃牌）持续下注，而用我们中等牌力（中等对子、顶对弱踢脚、同花听牌、两端顺子听牌）的牌过牌控制底池和保护还不错的胜率。

不是我们害怕对手"过牌一加注"，而是必须保护中等的牌力，避免被对手"过牌一加注"之后不得不放弃，或者用中等牌力玩了一个不该玩的大池。毕竟对手范围里面只有超级强牌和完完全全的咋呼，所以我们用中等牌力的牌没有能力再加注到全压，这样只会弃掉对手的咋呼，而对手的超强牌会跟注，这种决策使得对手做出了完美的决策，这是我们的错误。而跟注"过牌—加注"，在转牌圈和河牌圈还是面临玩超级大池的威胁，所以为了保护我们的中等牌力，过牌是更佳的决策。

❷ 我们的持续下注是否让对手做出正确的决策。

在扑克里面，我们希望对手做出更多错误的决策，不管是对手自己做出错误的决策也好，还是被我们威逼利诱做出错误的决策也好，反正我们的利润是来自对手错误的决策。所以我们的所有决策，都不能主动引诱对手做正确的决策。这种情况很少，但是必须意识到，有这种情形存在。

例如：我们手持QQ加注，对手跟注，翻牌是AK3r，对手过牌，我们此时不能持续下注，因为持续下注对手所有的空气牌，所有的22～JJ的小对子都吓跑了，而对手的AX和KX都留下来了，你说这是不是引诱对手做出了正确的决策？所以此时，过牌才是最佳的选择。给对手一个机会在转牌或者河牌用JJ、TT、99、88犯错，也给对手一个机会用"空气牌"咋呼。

7.1.2 常见持续下注案例解析

案例一：我们翻牌前在UTG（枪口位置）加注AQs，所有人弃牌，小盲跟注，大盲弃牌。翻牌是K95，两个方块，小盲过牌，我们是否要持续下注？

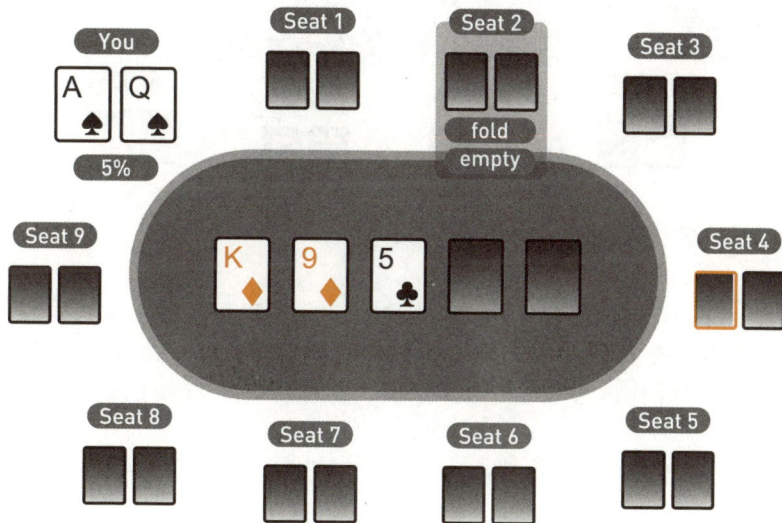

思考的方向：

❶ 我们在UTG位置的范围很强，击中K的概率很大，而且有超对AA的可能性。所以这种K high flop（最大牌是K的翻牌圈）击中我们UTG 范围的概率大。

❷ 对手在小盲位置击中这种牌面的概率小。因为对手在小盲位置一般都是玩小对子到中等对子，有时击中一些9或者卡顺什么的，也经不起我们的持续下注，毕竟我们在UTG位置。

综合上面两者，持续下注有利。

案例二： 我们翻牌前在CO（关煞位置）加注A9s，所有人弃牌，小盲跟注，大盲弃牌。翻牌是QQ3r（r表示rainbow，即彩虹，也就是三种不同花色），小盲过牌，我们是否要持续下注？

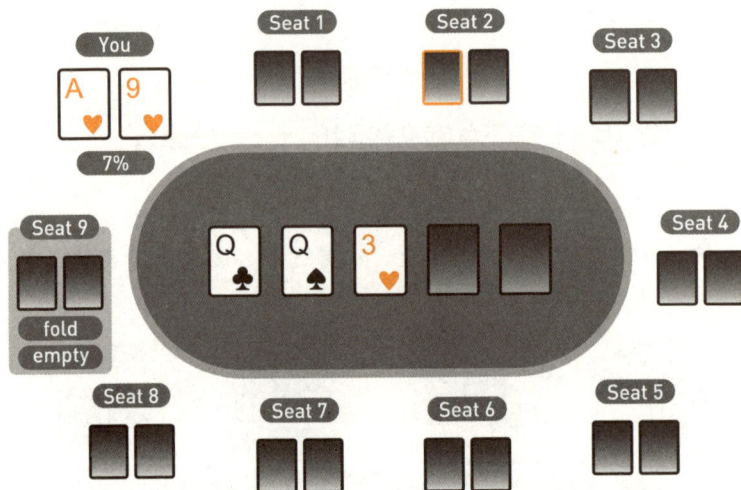

思考的方向：

❶ 对手在小盲位置击中这种牌面的概率小。有些对手很难相信我们有Q，会用44～JJ的对子跟注，而有些对手会放弃这些小对子，我们必须知道who is who。对于前者我们倾向于过牌，转牌出现A或者9还是有希望的。

❷ 如果我们下注就必须连续"开两枪"诈唬（Double Barrel）让对手在转牌圈弃掉44～JJ。

综合上面两者，要么不持续下注，要么连续"开两枪"诈唬，但是千万别连续"开三枪"诈唬（Triple Barrel）。而且注意在翻牌圈下注半个彩池，不能多，因为对手如果有Q，无论多少都会跟注，如果对手想弃牌，半个彩池和一个彩池没有区别。

案例三：翻牌前我们在UTG（枪口位置）加注99，所有人弃牌到小盲，小盲跟注，然后在翻牌是AK6r时过牌给我们，我们该如何决策？

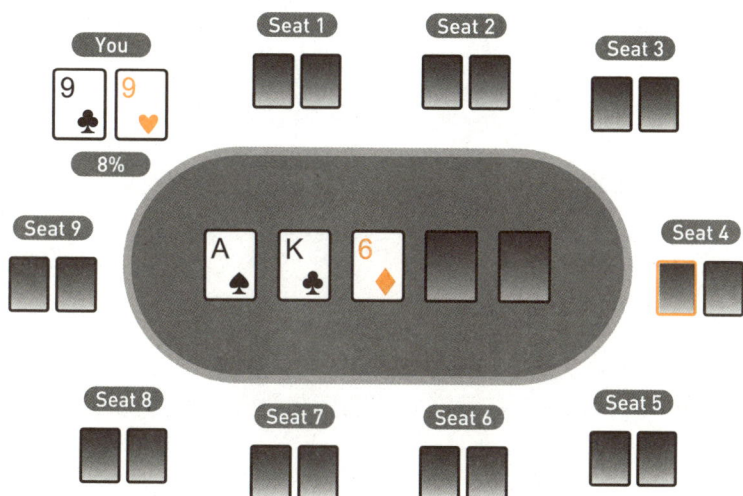

思考的方向：

❶ AK6r的牌面错过小盲的概率很大，转牌对我们的威胁很大。任何J、Q、T都会终结掉99所有的念想。

❷ 我们下注确实可以让对手做出某些正确的决策，弃掉77、88，但是也让对手做出一些错误的决策，弃掉TT、JJ、QQ。

综合上面两者，要持续下注，下注2/3彩池，如果我们是QQ，则倾向于过牌，因为下注会让对手正确地弃掉77~JJ，而且来一张转牌能伤害我们QQ的牌很少。但是99不一样，因为能让对手做出一些正确的决策，也能让对手做出些错误的决策，六四开，但是因为转牌有太多的牌让我们难受，我们还是更想下注，直接拿下。

案例四：我们翻牌前在UTG（枪口位置）加注AKs，所有人弃牌，小盲跟注，大盲跟注。翻牌是345两红心，我们中坚果同花听牌和卡顺，还有两个高牌，大小盲过牌，我们是否要持续下注？

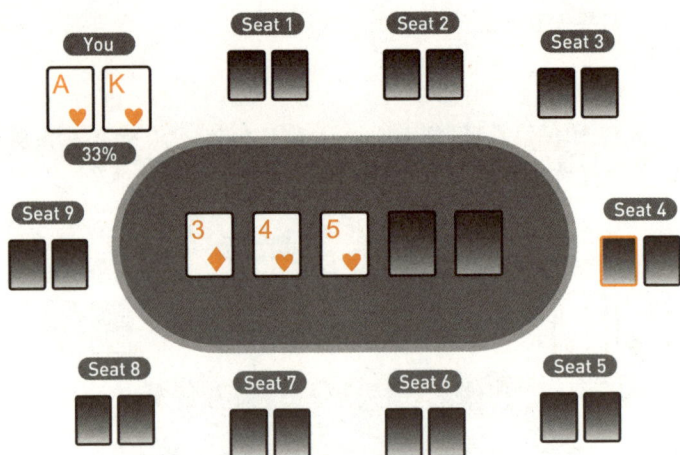

思考的方向：

❶ 我们的牌力太强大了，即使是听牌，也是超级听牌了，9张同花出牌，3张卡顺出牌，6张高牌出牌，如此多出牌的听牌让我们不惧怕任何牌，所以要价值下注，如遇到反抗，可以全压。

❷ 考虑到对手有很多更差的听牌存在，此时下注可以收收"过路费"，要是对手真是听牌，而我们错过转牌圈和河牌圈，他们就不会丢一个筹码，我们得趁热收一笔再说，而且把彩池做大，对手如果中第二好的成牌，也好全压。

综合，这样的牌面不持续下注就没有天理了。

案例五： 我们翻牌前在CO（关煞位置）加注56s，所有人弃牌，小盲跟注，大盲跟注。翻牌是T32r，大小盲过牌，我们是否要持续下注？

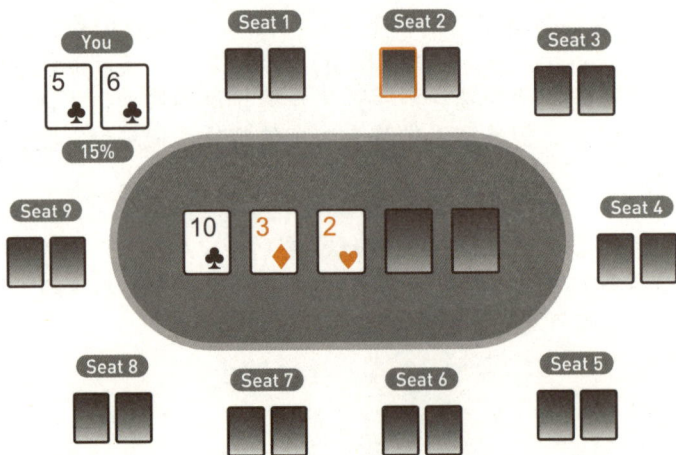

思考的方向：

❶ 牌面很"干燥"，击中他们的概率不大。但是人数增多，3人彩池，还是有一定几率击中他们其中一个。

❷ 我们的胜率不高，经受不起"过牌—加注"，但是我们一旦击中4就是坚果了，或者转牌来个梅花我们有新的同花听牌，所以我们希望看到转牌。

综合上面两者，看情况，如果对手很少"过牌—加注"，我们就应该下注，拿下的几率还是很大的。如果翻牌被跟注了，转牌来了一个低于T的小梅花就过牌，希望中听牌；如果来了大的梅花，如梅花A、K、Q、J，继续下注半咋呼，对手的中等牌难以承受。

如果中了4成了坚果，你懂的。

案例六：我们翻牌前在button（按钮位置）加注QTo，小盲跟注，大盲弃牌。翻牌是KJT两红心，小盲过牌，我们是否要持续下注？

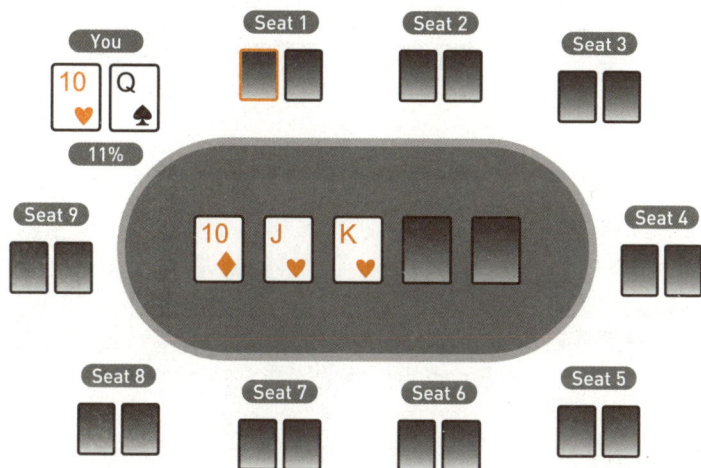

思考的方向：

❶ 我们的胜率很好，但是经受不起"过牌—加注"，一旦打全压，我们基本是要么远远落后，要么五五开。而且我们下注会让对手做出正确的决策，弃掉所有比我们差的牌，用更好的牌跟注或者加注，所以我们更应该过牌看转牌。

❷ 如果我们在翻牌就领先的话，转牌很少有牌能伤害我们，同花听牌确实存在，但是我们有红心T，也算是个阻挡。

综合上面两者，过牌，一来保护我们的胜率（protect our equity），二来不让对手做出正确决策，三来转牌能够帮助我们的牌比起能伤害我们的牌多得多，所以我们更倾向于过牌。

案例七： 我们翻牌前在UTG（枪口位置）加注JJ，所有人弃牌，button（按钮位置）玩家跟注，大小盲弃牌。翻牌是QT5同花，对手有位置，我们首先行动，我们是否要持续下注？

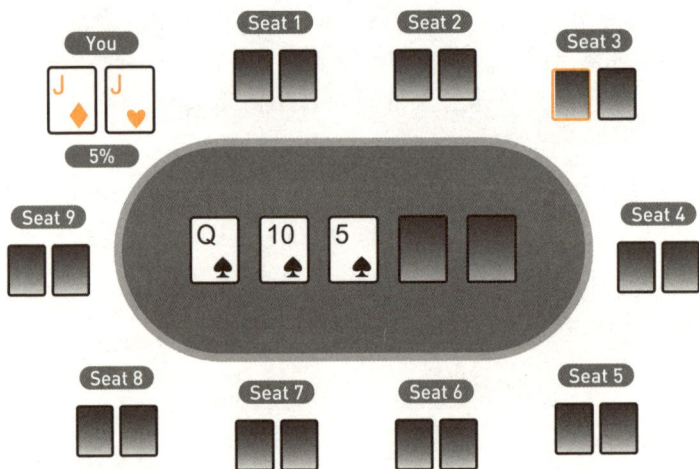

思考的方向：

❶ 转牌能伤害我们的牌太多，任何黑桃（有9个），任何A或者K（有8个），但是9个黑桃中已包括A和K，所以非黑桃的A和K共6个。

❷ 我们在翻牌圈的胜率太差，而且下注会让对手做出正确的决策，没有黑桃的会弃牌，弃掉TT以下对子，也用更好的牌跟注或者加注。

综合上面两者，我们不应该持续下注，因为我们没有位置，下注会让对手做出正确的决策，而且下注如果被跟注，在转牌很多牌（9+6=15张）我们都不知道该怎么办。但是如果我们拿着的JJ里面有一张黑桃，就可以持续下注，因为我们的胜率大大提升，翻牌即使被跟注，转牌能伤害我们的牌也没那么多。

案例八： 我们翻牌前在UTG（枪口位置）加注AKo，MP（中间位置）弃牌，CO（关煞位置）跟注，button（按钮位置）跟注，大小盲弃牌。翻牌是JT7两黑桃，我们第一个行动，是否要持续下注？

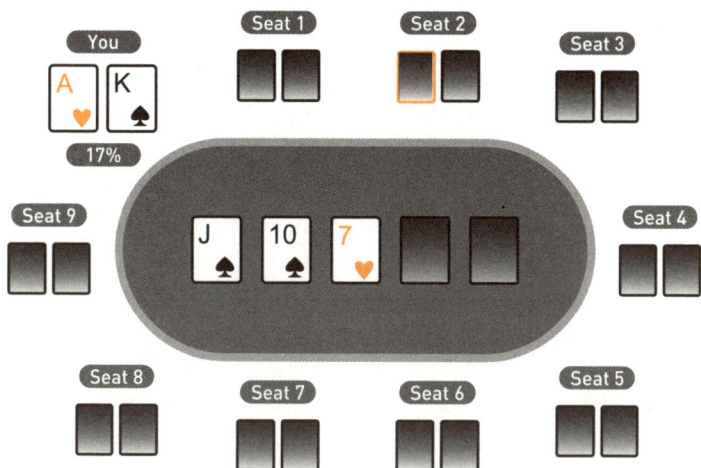

思考的方向：

❶ 这种牌面击中关煞位置和按钮位置概率太大，如顺子听牌、同花听牌、两对、三条、顶对，而且我们没有位置，所以咋呼变得无利可图。

❷ 我们的胜率不高，以这么危险的翻牌，面对两个对手，我们的A和K都不能算出牌了，也就是即使转牌击中A或者K，我们仍然会输，因为对A或者K会帮助对手成顺子、同花、两对等更强的牌。我们的干净的出牌，只剩下3个Q，胜率太差。过牌准备看免费牌，看不到就弃牌。

总结：

翻牌圈是起承转合的"承"，也就是承接了翻牌前的计划，只是偶尔会有变动，多数时候还是依照翻牌前的计划来玩翻牌圈。

- 如果我们翻牌前小对子投机三条，没有击中三条，我们承接翻牌前的计划，在翻牌圈弃牌就行了。

- 如果我们翻牌前用高牌跟注对手，企图主宰对手的踢脚，那么翻牌圈击中顶对时候，我们可以跟注，然后在转牌圈和河牌圈价值下注。

- 如果我们翻牌前第一个加注进池，那么翻牌圈一般都是需要持续下注的。只是偶尔会放弃持续下注。

- 如果我们翻牌前再加注对手了，一般我们都会持续下注翻牌圈，不管价值再加注还是诈唬再加注。

7.2　缠打

缠打就是跟注对手翻牌圈的下注，就是为了在转牌圈或者河牌圈时"偷"下彩池。

❶ 我们知道自己的牌很可能不是最好的。

❷ 我们清楚对手在这样的翻牌圈用很广的范围下注，大部分时候对手错过了这样的翻牌，或者只是一个弱的成牌，经不起压力。

❸ 计划好转牌圈或者河牌圈，对手过牌给我们时我们下注"偷"得彩池。

7.2.1　缠打理论

1.　为什么要缠打

很多人不知道为什么要缠打。

缠打是一个最明显的在翻牌后利用位置优势给予对手压力的打法。

缠打的原因有很多，最明显的是button位置翻牌前跟注CO位置的加注，然后在翻牌后缠打，这种缠打一般是告诉对手，"不要太松地'偷'盲注，把后面位置让给我"。

另外一个明显的是大盲对小盲位置的缠打，小盲位置翻牌前喜欢很广的加注"偷"盲，那么大盲玩家可以考虑要么翻牌前再加注（3bet）反"偷"，要么跟注在翻牌后利用位置缠打。这样让小盲位置玩家老实一点，不会频繁地"偷"我们。

在翻牌前就计划好是否要在翻牌缠打对手，如果打算要缠打对手，那么我们要考虑哪些因素呢？

❶ 我们翻牌前跟注对手的加注之前，要考虑后面还没有行动的玩家会不会再加注压缩（3bet squeezing）。

❷ 如果后面没有行动的玩家中有很凶很喜欢翻牌前再加注的玩家，那么我们不应该跟注这个翻牌前的加注，因为也许投资的这个筹码根本就看不到翻牌（假如后面玩家再加注了，我们的牌力很弱的话就不得不在翻牌前弃牌）。

❸ 只有当我们后面没有行动的玩家都很紧很直接，不会很松的再加注，才能考虑是不是要在翻牌前跟注这个加注，然后在翻牌缠打。

跟注一个加注之前，总是要先考虑后面玩家的倾向，如果后面玩家过于激进，那么很有可能我们跟注的筹码会付诸东流。

2. 在翻牌后是否有位置

缠打在有位置的情况下非常具有压迫性，成功率也较高，但是当我们没有位置时缠打的成功率就低得多，而且我们总是首先行动，这样对手得到的信息也很多，对手每条街都最后一个行动，想要缠打他们并非易事。

缠打是常见的利用位置优势的打法，如果我们在翻牌后没有位置，那么缠打就变得很困难。

之所以button位置缠打CO很多，大盲缠打小盲很多，也是因为在翻牌后有位置。

3. 在翻牌时牌的价值（Equity）

一般我们缠打时都需要有后备的计划，也就是有一定的价值，而不是纯粹的垃圾牌缠打，这样即使转牌圈对手跟注了我们的下注，我们还是有很大几率在河牌圈中了我们的听牌而赢下彩池。

常见用来缠打的牌型：

❶ 弱的听牌，比如卡顺。

❷ 后门同花听牌、后门顺子听牌。（后门听牌指要用上转牌和河牌的牌）

❸ 两张高牌。

❹ 两端顺子听牌或者同花听牌。

4. 对手在翻牌圈持续下注的范围

对手在翻牌圈持续下注的范围（Range）越广和越弱，我们就越倾向于缠打对手，对手在翻牌圈持续下注的范围越小和越强，我们越要老实。

例如： CO（关煞位置）翻牌前加注，我们在大盲位置跟注，对手在翻牌是A23r时持续下注，这时对手持续下注的范围非常广，因为是A高的干燥的翻牌，对手持续下注的范围几乎是100%，而对手实际上持有AX的几率并不高。所以这是一种很好的缠打的翻牌，对手下注翻牌的范围很广，而且在转牌时经不起压力，这样我们的缠打就变得有利可图了。

哪些翻牌圈适合缠打，需要我们不断去探索，这需要对对手翻牌前的范围和翻牌的匹配程度有很准确的把握。一般听牌比较多的翻牌，不建议缠打，对手如果真的有强牌，在转牌圈一般是不会放弃的，比如翻牌是789双花，对手至少是有一对加上一个听牌的，所以在转牌圈不会弃牌。

5. 对手的玩牌倾向

我们一般倾向于缠打那些在情绪方面表现出ABC状态比较直接的对手，他们一般错过翻牌之后就在比较"干燥"的翻牌圈持续下注，被跟注了，然后就在转牌圈过牌—弃牌。

而像"跟注站"类型的玩家，他们持续下注翻牌圈，然后会过牌—跟注转牌圈，过牌—跟注河牌圈，即使他们只是一个中等对子，甚至是底对。他们不喜欢弃牌，喜欢玩到摊牌（Showdown），所以我们更倾向于真的有实力对他们狠狠地价值下注，而不是缠打诈唬他们。

同样，对手很凶，很喜欢Double Barrel（开两枪）的对手，我们也要更少缠打他们，因为他们不会在转牌过牌给我们，而是自己在转牌继续下注，我们不知道他们这次在转牌的下注是不是有强牌，所以缠打就显得很盲目。

7.2.2 缠打之前需要考虑的因素

下面用案例进行介绍。

案例一： 翻牌前对手在CO位置加注，我们在button位置要不要用T8s跟注呢？

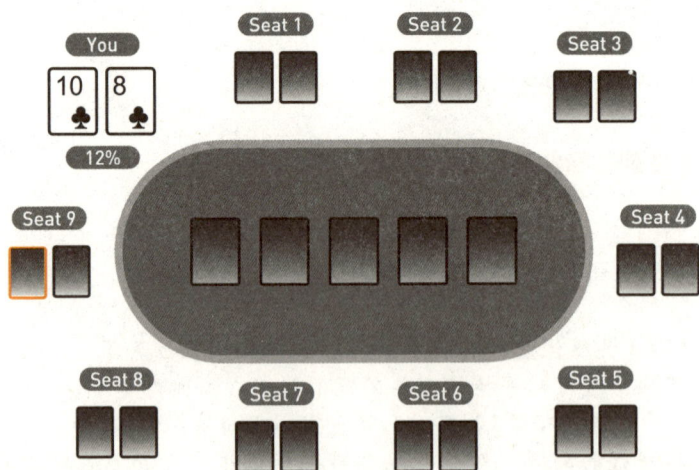

思考方向：

❶ 如果我们拿着T8s在这里跟注，肯定要在翻牌后利用位置优势来玩，如果不利用位置优势，T8s和对手玩到河牌摊牌，赢率肯定是很低的。

❷ 既然决定在翻牌后利用位置来缠打对手，那么我们是否可以跟注呢？如果大小盲位置玩家都很直接，不会很松地再加注挤压（Squeeze）我们，我们可以跟注。如果大小盲位置玩家翻牌前很激进，那么我们不应该跟注企图翻牌后缠打，而是弃牌或者是再加注CO。

❸ CO玩家翻牌后的倾向如何，如果是"跟注站"，那么我们不应该考虑缠打，而是考虑隐含赔率。如果CO位置玩家"开两枪"很多，那么我们也不应该缠打他。

案例二：翻牌前小盲位置加注，我们用AJs跟注。小盲位置玩家在小盲位置加注很多，我们翻牌前计划是如果中A或者J就追求价值，如果没有就考虑在某些对手很有可能错过的翻牌缠打。

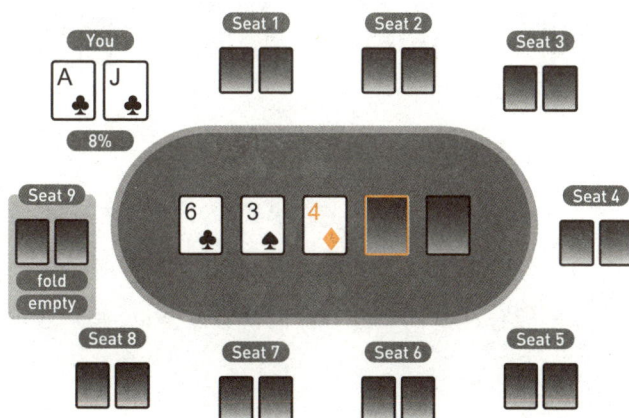

思考方向：

❶ 翻牌是346r，对手错过的几率很高，但是持续下注肯定高，因为很"干燥"。

❷ 我们在这样的翻牌的胜率是后面同花，两张高牌。如果转牌圈对手过牌给我们，转牌来任何梅花或任何A、K、Q、J我们都会下注。

❸ 对手是个比较直接的紧凶玩家，所以如果转牌圈过牌给我们，就基本代表他放弃了。

❹ 翻牌前我们在大盲位置最后一个行动，所以不害怕后面有玩家再加注挤压（Squeeze），跟注肯定是能看到翻牌的。

案例三： 翻牌前CO位置ABC情绪比较直接的玩家加注，我们考虑用TJs跟注。但后面大小盲还没有行动，小盲是"鱼"，不太可能再加注诈唬（3bet bluff），大盲是个超紧玩家，也不太会再加注诈唬。所以我们跟注，如果小盲也跟注，我们追求隐含赔率，如果大小盲弃牌，我们打算在某些翻牌圈缠打CO位置玩家。

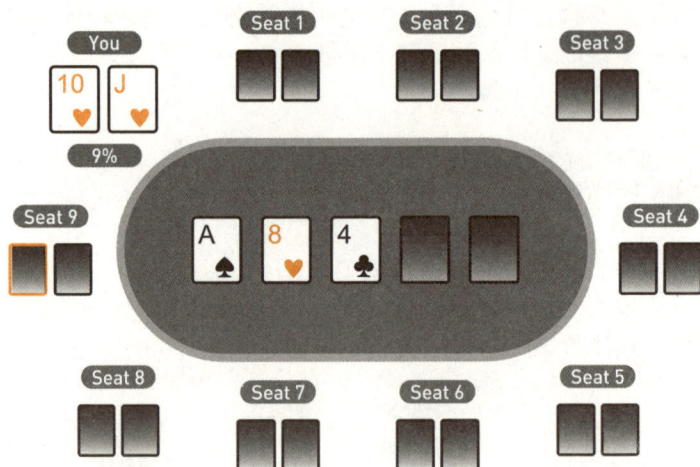

思考方向：

❶ 翻牌是A84r，对手在"干燥"的A高翻牌持续下注100%，但是实际上在这个翻牌圈中A的概率并不高。所以对手持续下注翻牌圈的范围很广很弱。

❷ 对手是个比较直接的紧凶玩家，所以如果转牌 过牌给我们，就基本代表他放弃了。

❸ 我们在这样的翻牌有后门同花、后门顺子听牌，如果对手只是低于T的中等对子，转牌和河牌出现T或者J，我们还是可能最好。转牌出现任何红心，任何9，任何K、Q我们都会下注，转牌如果是T或者J我们就过牌，因为我们的牌很有可能是最好的，但是是中等牌力，所以希望控制彩池到河牌摊牌。

案例四： 翻牌前CO位置ABC情绪比较直接的紧凶玩家加注，我们考虑用T8s跟注。但后面大小盲还没有行动，小盲是鱼，不太可能再加注诈唬（3bet bluff），大盲是个超紧玩家，也不太会再加注诈唬（3bet bluff）。所以我们跟注，如果小盲也跟注，我们追求隐含赔率，如果大小盲弃牌，我们打算在某些翻牌圈缠打CO位置玩家，同时也追求隐含赔率，毕竟对手很紧。

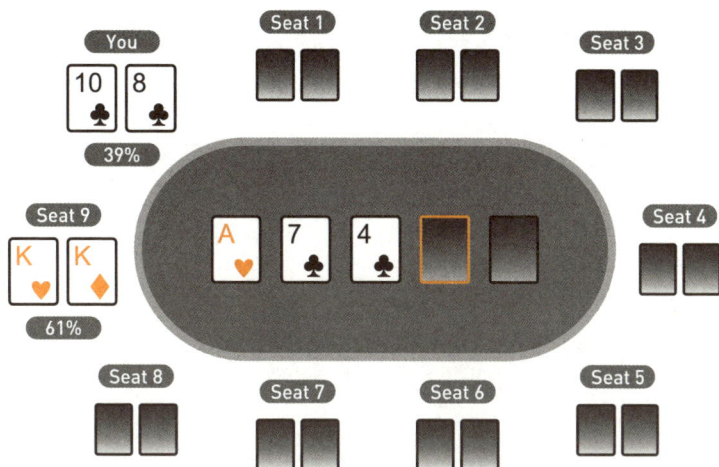

思考方向：

❶ 翻牌是A74双花，对手过牌给我们，奇怪是对手没有持续下注，我们考虑对手会用任何错过翻牌的牌来持续下注，毕竟是个A高的"干燥"翻牌，所以此时我们考虑对手的范围是KK～88的对子或者A小踢脚，控制底池，或者是暗三条A慢玩，因为他觉得他拿着两张A，我们有A的可能性就很小，就很难跟注他的下注，所以他慢玩。

❷ 我们下注翻牌，虽然明知对手有一定的牌力，但是此时要显示自己有A，而且我们肯定会99%跟注翻牌，转牌只要不出现A、7、4，我们会下注任何转牌，包括T和8，因为对手是JJ+的对子，我们的T和8都不是能在河牌摊牌赢牌的。所以此时需要下注追求弃牌率，来了同花我们也要下注来把彩池做大，下注量要小点，一来对手容易用JJ+跟注，二来如果对手是三条A，也可能会过牌一加注我们在转牌的小注，害怕河牌来第四个梅花而使自己的三条A废掉，这样对手过牌一加注，我们很高兴再加注到全压。

❸ 如果对手继续跟注转牌，那么代表对手很有可能是A2、A3之类的对A小踢脚，在翻牌过牌了，准备过牌一跟注转牌，过牌一跟注河牌。所以我们只有在河牌组成比对A强的牌时价值下注，如果没有组成比对A强的牌，我们就过牌放弃。因为我们能诈唬的只有对手也是同花听牌，但是如果对手是同花听牌，对手肯定会下注翻牌半诈唬而不是过牌一跟注。所以我们90%肯定对手是Ax，而且不会弃牌河牌，但是我们河牌全压，还是有一定的弃牌率，但是这样打法比较冒险，没有充足的读人能力，不要轻易使用。

❹ 实际的结果是对手在翻牌过牌一跟注，在转牌是Q时过牌，然后我们在转牌下注3/4 pot，对手弃掉自己的KK。

7.3 在翻牌圈认识自己的牌力确定后面的计划

翻牌的牌力分为四种:

● 超强牌。

● 中等偏强牌。

● 中等偏弱牌。

● 诈唬半诈唬牌。

翻牌的三张牌出现之后,我们首先得读出自己的牌力属于四种牌力中的哪一种,然后根据我们对对手倾向的认识做出决策。

1. 超强牌处理的例子

翻牌前我们持有:

UTG(枪口位置)(100大盲)玩家加注4大盲,我们(100大盲)选择跟注投机三条。

翻牌是:

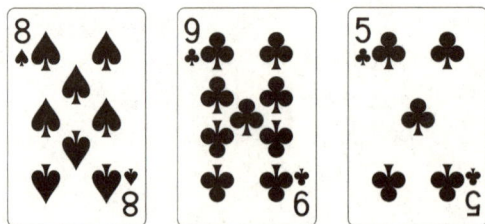

翻牌（9.5大盲），对手下注7大盲，我们如何决策？

❶ 我们的牌力属于三条，强牌。

❷ 对手在枪口位置玩得比较紧，此时是超对的概率很高。所以我们加注他们通常会至少跟注我们，甚至再加注。

如果我们只是跟注，转牌有很多牌能冻结行动，比如A之类的高牌冻结对手的KK、QQ的行动，包括T、7、梅花都能让对手害怕，而不愿继续往彩池投入筹码。

所以我们这时候最佳的决策就是加注，最大化加注。

2. 中强牌处理的例子

翻牌前我们持有：

BTN（按钮位置）（100大盲）玩家加注3大盲，我们（100大盲）选择跟注中对子主宰对手的踢脚。

翻牌是：

翻牌（7.5大盲），对手下注5大盲，我们如何决策？

❶ 我们的牌力属于顶对好踢脚，中强牌。

❷ 对手在按钮位置玩得比较松，此时是顶对弱踢脚、中等对子、听牌或者纯诈唬。

如果对手是喜欢用听牌、下注"开枪"三条街诈唬的"疯鱼"，我们就可以过牌—跟注三条街抓诈唬。

如果对手是"跟注站"，是用顶对弱踢脚、中等对子9听牌死跟的玩家，我们可以在翻牌主动下注或者过牌—加注获得加注，然后在转牌圈和河牌圈继续价值下注。

3. 中弱牌处理的例子

翻牌前我们持有：

我们（100大盲）在按钮位置加注3个大盲，对手在大盲位置跟注。

翻牌是：

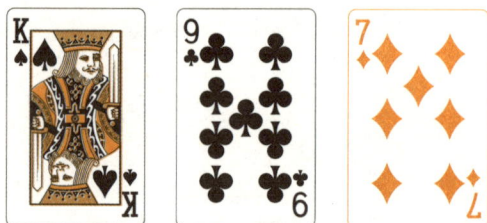

翻牌（7.5大盲），对手过牌，我们如何决策？

❶ 我们的牌力属于第三大对子、中等偏弱牌。这类牌一般以便宜过牌到河牌摊牌为佳。

❷ 但是如果对手很激进，看到我们过牌会一直下注，我们就不得不用这种牌下注当半诈唬来玩。如果对手非常被动，我们可以放心地过牌，因为很多时候都能便宜过牌到河牌摊牌。如果对手非常激进，我们可以下注翻牌，把对7当做有5个出牌（3张A和2张7）的半诈唬听牌（听A的两对和7的三条）来玩。

有的同学可能会问，如果对手特别激进，我们的起手牌A7中了对子7之后可以在翻牌圈过牌，然后跟注转牌圈和河牌圈抓诈唬。但是实际的情况是对子7太小，转牌和河牌出现高牌的概率太高，4张8、4张T、4张J、4张Q，总共16张我们不愿意见到的高牌，在转牌和河牌出现的概率是32%。也就是32%的情况，我们都会因为转牌和河牌继续出现高牌而放弃中途抓诈唬的计划。

> **TIPS**
>
> 我的一个经验规则就是：如果对子高于T，比如对子J，剩余高牌会比较少，在转牌和河牌继续出现高牌的概率会相对低很多，我们就可以在翻牌圈过牌，然后跟注转牌圈和跟注河牌圈抓诈唬。

4. 诈唬和半诈唬处理的例子

案例一：

翻牌前我们持有：

中间位置（100大盲）玩家平跟进池，关煞位置（100大盲）玩家也跟注，我们在按钮位置（100大盲）选择加注6个大盲。

翻牌是：

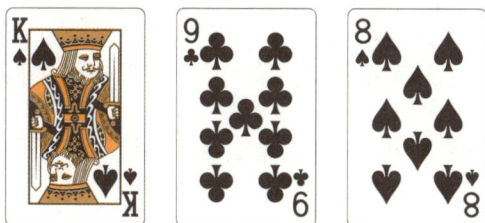

翻牌（19.5大盲），两个对手都过牌，我们如何决策？

❶ 我们的牌力介于诈唬和半诈唬之间，非常弱的牌。

❷ 两个对手翻牌前跟注入池，很有可能拿着中小对子、Ax同花或者同花连牌，而这个牌面击中这些牌的概率太高了。而且对手有两个，其中有一个击中的概率很高。

所以我们不得不选择过牌放弃。

案例二：

翻牌前我们持有：

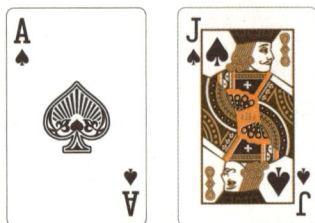

中间位置（100大盲）玩家平跟进池，我们在按钮位置（100大盲）选择加注5个大盲。

翻牌是：

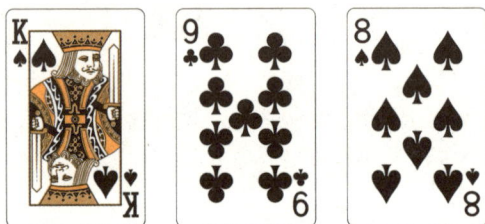

翻牌（11.5大盲），两个对手都过牌，我们如何决策？

❶ 我们的牌力有坚果同花听牌，牌力介于半诈唬和中强牌之间。

❷ 我们翻牌前是选择加注入池，那么我们的起手牌范围（Range）里面有K的概率比较高，所以这个牌面可以选择下注半诈唬。

Chapter 8
转牌圈打法——起承转合的"转"

KEY POINT ··

德州扑克是有四条街的，翻牌前（Preflop），翻牌圈（Flop），转牌圈（Turn），河牌圈（River），实质就是"起-承-转-合"。

转牌圈（Turn）就是"转"，翻牌计划之后转牌出现一张新的牌之后的转折点，一般我们会在转牌决定这手牌玩一个大型彩池还是小型彩池，玩得激进还是被动。也就是说，转牌是牌局走势的一个重要转折点，转牌也是最难玩的一条街。

8.1 "开两枪"诈唬

1. 什么叫开"开两枪"诈唬

"开两枪"诈唬（Double Barrel），即我们在翻牌的下注被对手跟注了，我们肯定自己的牌力落后于对手，但是当转牌出现某些牌时，我们会选择继续诈唬或者半诈唬。

2. "开两枪"诈唬的条件

❶ 我们的牌力要落后于对手的大部分范围（Range）。

❷ 我们肯定对手会放弃一部分比我们牌力更好的牌。

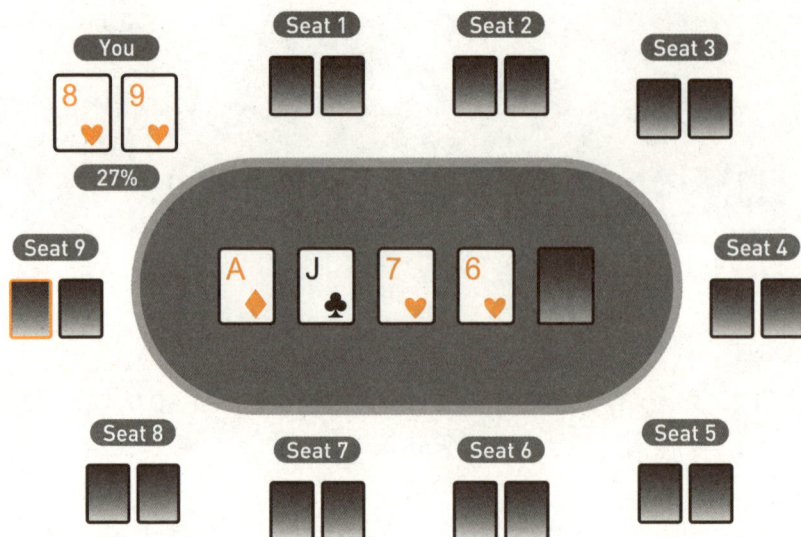

上图中，虽然我们牌力落后，并且知道对手拿着JQ之类的中等对子跟注了我们的翻牌持续下注，但是我们如果继续下注转牌，对手会相信我们有A，而弃掉对J。

3. "开两枪"诈唬不能盲目

我们一定要对对手手牌范围和对手的倾向有足够的把握，这是一把双刃剑，用得好可以伤别人，用得不好也会伤了自己。

在觉得是否"开枪"之前，一定要问自己，你对对手的范围有多大了解？对对手的玩牌倾向有多大了解？如果你回答不出上面两个问题，就不要"开第二枪"，如果只是觉得不想放弃（比如3bet过的大型彩池，不想放弃），而闭上眼"开枪"的话，那么你伤害自己会更多。

4. "开两枪"诈唬之前一定要有个周密的计划

● 对手的手牌范围是什么，对手是不是计划跟注翻牌圈，弃牌转牌圈？

● 这张转牌是否帮到了对手，或者是吓到了对手？

● 这张转牌是否帮到了我们？

● 这个对手是不是"跟注站"，或者是紧弱的玩家？

● 转牌的"第二枪"诈唬如果被跟注了，我们在河牌怎么办？被加注了，我们该怎么办？

5. "开两枪"诈唬之前必须考虑的因素

❶ 对手的手牌范围是什么，对手是不是计划跟注翻牌圈，弃牌转牌圈？

我们用AK再加注对手，对手用JJ 跟注。我们估计对手跟注再加注的范围是QQ、JJ、TT、99、AK、AQ。然后翻牌是QT6r，我们持续下注，对手跟注，转牌圈对手继续过牌给我们，我们觉得对手打算跟注翻牌圈，弃牌转牌圈的牌有JJ、99、AK，跟注到底的牌有QQ、TT，跟注两条街弃牌河牌的有AQ。所以我们在转牌下注，就是想争取让对手弃掉99、JJ。

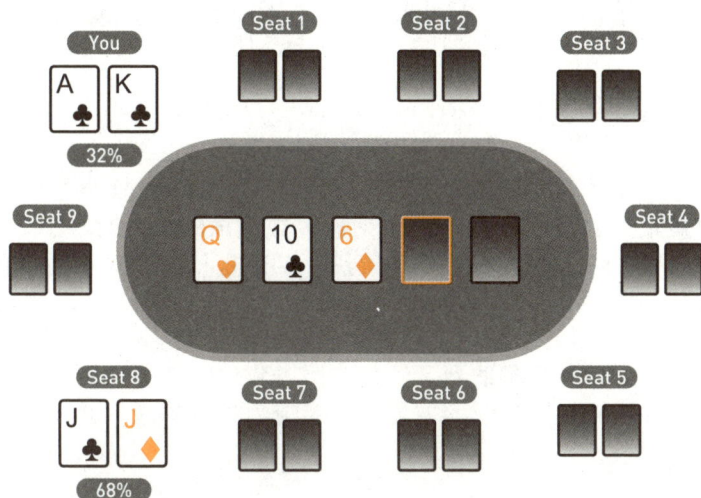

❷ 这张转牌是否帮到了对手，或者是吓到了对手？

我们翻牌前加注KQs，对手在盲注位置跟注，我们觉得对手在盲注位置跟注的范围是22～TT的对子，或者像98s、9Ts、JTs之类的同花连牌，或者KJ、KQ、AJ、AT之类的高牌。翻牌是T55r，对手过牌我们持续下注，估计对手过牌跟注这样的翻牌范围是66～99、JT、9T、TT、AT。转牌来了一个A，我们觉得这张A高牌对对手的小对子和Tx是很不利的，或者说是一张恐吓牌，如果我们在这个转牌A继续下注，对手会弃掉所有小对子甚至除了AT以外的所有Tx，只会用AT、TT继续。那么这个转牌的A是个很好的"开两枪"半诈唬的牌。

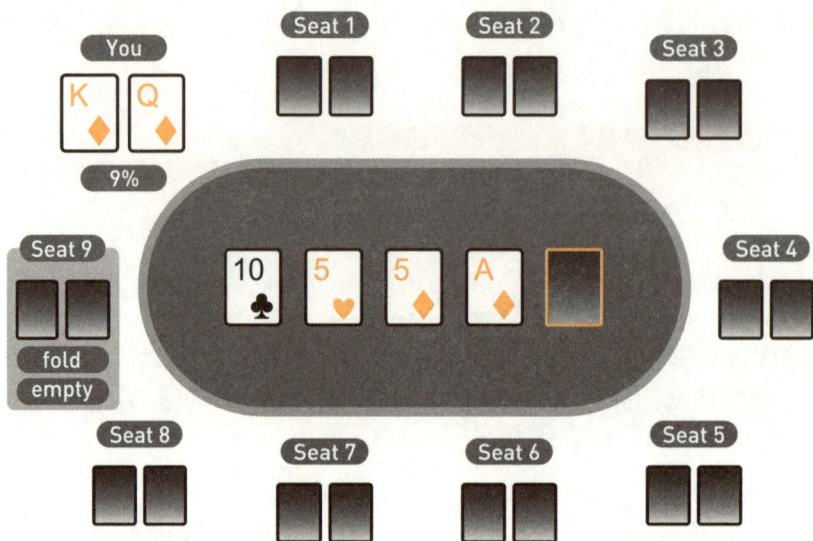

❸ 这张转牌是否帮到了我们?

　　接上面的例子，我们翻牌前加注KQs，对手在盲注位置跟注，我们觉得对手在盲注位置跟注的范围是22～TT的对子，或者像98s、9Ts、JTs之类的同花连牌，或者是KJ、KQ、AJ、AT之类的高牌。翻牌是T55r，对手过牌我们下注，估计对手过牌—跟注这样的翻牌范围是66～99、JT、9T、TT、AT。转牌来了一个方块A，这张牌帮到了我们，让我们在转牌有了同花听牌，这个A对于对手来说是一张恐吓牌，并且帮助到了我们，所以我们继续下注转牌，即使被跟注了，我们在河牌依然可以中K、Q方块而发展成为最好的牌，并不是被跟注了就绝望了。

❹ 这个对手是不是"跟注站"，或者是紧弱的玩家?

　　同样是上面的例子，转牌是方块A，"跟注站"是不会弃掉66～99的小对子的，更别谈Tx的中等对子了，所以面对这个"跟注站"，我们没有必要"开两枪"诈唬，只需要过牌，希望河牌来个方块，再狠狠地价值下注。

　　如果对手是紧弱的玩家，甚至可以弃掉KT、QT、QQ、KK这样的牌。所以面对紧而且很弱的玩家，我们可以轻松地"开两枪"诈唬这个转牌。

　　弃牌率就是关键，"跟注站"是没有弃牌率的，而紧弱的玩家有很高的弃牌率，至于对手是哪种风格和倾向，我们必须学会读人。

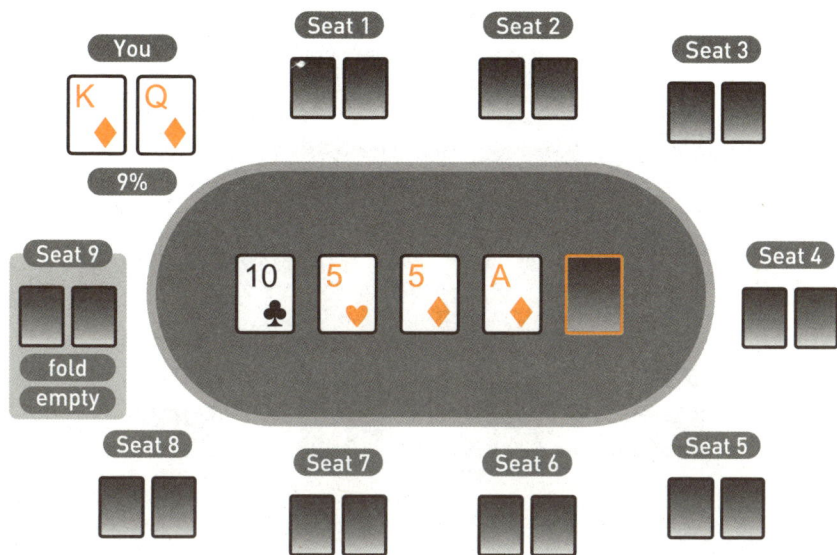

⑤ 有没有河牌的计划？

我们首先要计划好，如果对手跟注了我们的转牌圈，我们在河牌圈有什么计划？如果我们没有在河牌圈的计划就不要在转牌圈加注，还是趁彩池还小就放弃，如果把彩池做大了，而在河牌圈不知道怎么办，就是更大的损失了。

我们觉得对手在转牌圈用Tx（T是ten的缩写，也就是10点的意思，x是另外一张未知牌）跟注然后在河牌圈弃牌，我们就可以下注河牌 "开第三枪"，毕竟对手转牌圈跟注范围里面大部分的组合是Tx，AT和TT只是非常少的组合，而且我们知道对手会在河牌圈弃掉Tx。

如果觉得对手跟注转牌圈之后就不会在河牌圈弃牌，我们应该过牌，如果河牌没有提升牌力就放弃，如果河牌能成为同花就继续价值下注。

6. 常见 "开两枪" 的具体案例

案例一：我们知道对手的风格是紧弱，会跟注翻牌圈，弃牌转牌圈的牌有KK、QQ、Jx。转牌提升了我们的牌力，而且对手不大可能在转牌圈过牌—加注，而且计划好如果对手在转牌圈跟注就证明对手的牌力很强，不会在河牌圈弃牌，我们就过牌放弃所有错过同花听牌的河牌，如果河牌中了同花听牌就下个大注。（有A高牌的翻牌适合 "开两枪"，因为对手会拿一些中等对子跟注翻牌圈，弃牌转牌圈，但是不适合 "开三枪"，因为对手跟注翻牌圈，跟注转牌圈，对手的牌力至少是Ax，甚至更强，对手不会在河牌圈放弃这么强的牌，所以建议不要 "开三枪" 诈唬A高牌的牌面，除非有很强的读人能力。）

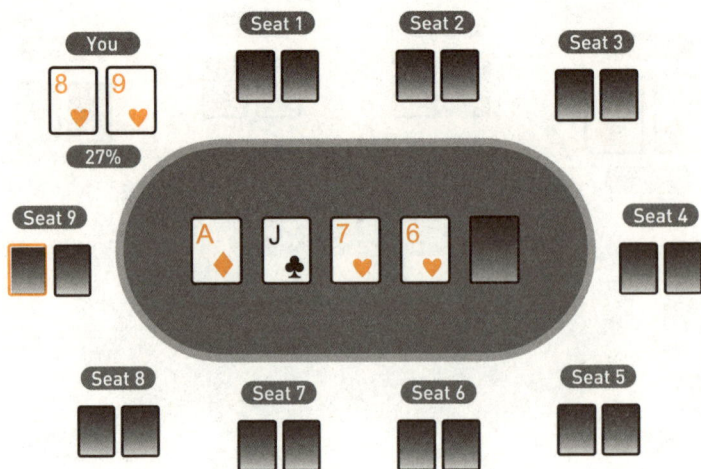

案例二： 我们知道对手是个ABC情绪很直接的玩家，在翻牌前不会拿着AA、KK跟注3bet设陷阱，所以对手跟注3bet的范围是QQ、JJ、TT、99、AQ、AK。我们知道对手会用JJ、99跟注翻牌圈，弃牌转牌圈，对手会拿着QQ、TT过牌—加注翻牌圈（ABC玩家的倾向），所以对手手上拿着暗三条的概率很低，唯一对手可以跟注翻牌圈、跟注转牌圈的是AQ。所以在转牌"开第二枪"还是有利可图的，特别是对于这种直接的对手。如果对手是那种很狡猾，在翻牌前用AA、KK跟注再加注设陷阱的，或者在翻牌圈慢玩暗三条的，或者对手是"跟注站"，不会弃牌JJ和99，我们应该更倾向于在转牌圈过牌放弃，除非中了A或者K。

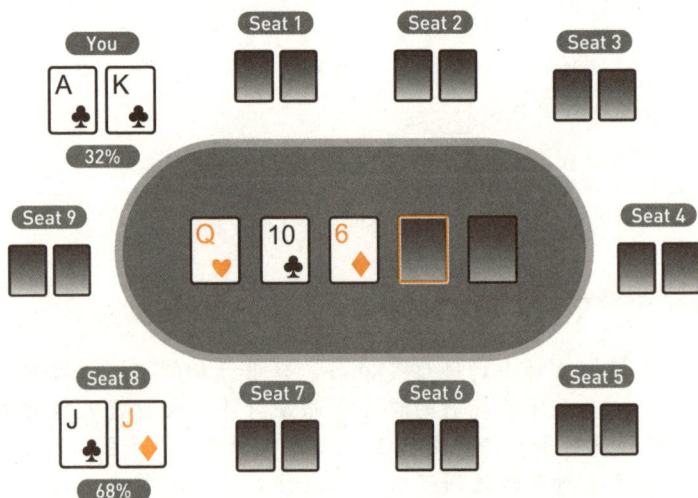

案例三： 我们觉得对手是很直接的玩家，会在翻牌圈用66～99、Tx跟注，用高对和三条加注，而且会在转牌是A时弃牌66～99、Tx，对手不会在转牌是A时过牌—加注诈唬，那么我们应该"开两枪"诈唬转牌，并计划在河牌圈错过同

花听牌就放弃，中了同花就下半个彩池的价值下注，如果对手河牌过牌加注全压，我们就弃牌。这时紧弱的对手肯定是葫芦了。如果中了K或者Q也过牌—弃牌，对手的范围肯定是比对子Q、K要强的，没有价值下注的空间。

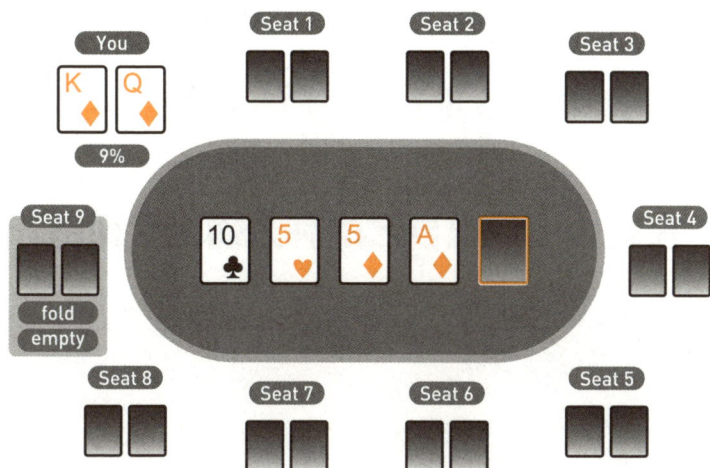

案例四（反面例子）：我们在翻牌圈拿着中等对子顶踢脚，对手过牌，我们下注，对手跟注，转牌出现了一个9，对手继续过牌，我们继续下注，对手继续跟注，河牌出现了一个3，基本上没有改变什么，对手不会玩34、35这种牌，除非对手有A3s，而A3s只有2个组合，可能性很小。但是河牌对手没有过牌，而是自己下注了大半个彩池，我们却不知道要不要跟注河牌，毕竟彩池很大了，第二大的对子最大的踢脚放弃也有点可惜，我们跟注发现对手拿着AQ。

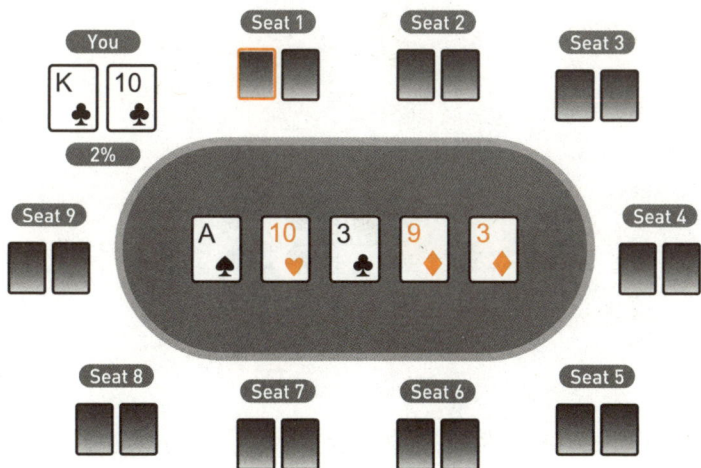

这手牌最大的错误是在转牌的下注，我们的牌力中等，很有可能是最好的，如果下注，会把对手更多的Tx赶走，更好的牌肯定不会在转牌弃牌，而且我

们在自己的牌力中等时做大了彩池，在下注时又很难放弃这个亲自做大的彩池。这种牌很有可能是最好的，就不叫"开两枪"诈唬，"开两枪"诈唬是我们很肯定我们的牌很差。对手连续跟注了两条街，而且牌面基本没有听牌（牌面有听牌的话，对手河牌下注可能是破产听牌的诈唬），我们肯定不会用中等对子去跟注对手河牌的下注了，多半是价值下注，而不是诈唬。

8.2　缠打（可参见7.2节）

8.3　在转牌圈认识自己的牌力确定后面的计划

转牌的牌力分为四种：

● 超强牌

● 中等偏强牌

● 中等偏弱牌

● 诈唬半诈唬

翻牌和转牌四张牌出现之后，我们首先得读自己的牌力属于4种牌力中的哪一种，然后根据对手的倾向做出决策。

1. 超强牌处理的例子

翻牌前我们持有：

UTG（100大盲）枪口位置玩家加注4，我们（100大盲）选择跟注投机三条。

翻牌是：

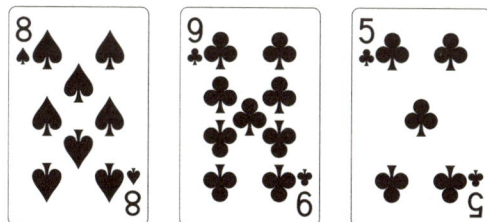

翻牌（9.5大盲），对手下注7大盲，我们加注到21大盲，对手跟注。

转牌（情况一）：

转牌（51.5大盲），我们还是超强牌，对手的超对和同花听牌可能会继续支付我们，所以转牌继续下注40大盲。

转牌（情况二）：

转牌（51.5大盲），转牌出现第三张梅花，我们这里可以下注，使得对手的带梅花的超对T～超对A跟注。

但是下注量不能太大，太大的话，他们可能会直接弃牌。

所以转牌下注26大盲，半个彩池，希望他们能跟注。

有些同学可能会问，难道不害怕对手是同花吗？

这里就需要用到翻牌前对手的位置和起手牌，如果对手在后门位置，那么他们有同花听牌的概率不低。但是对手在枪口位置的起手牌中没有多少同花投机牌，更多的是高牌和超对。所以我们这里需要下注，继续从对手的超对中榨取价值。

假设对手此时过牌加注全压了。我们还是需要跟注。

因为，对手有可能是类似

之类的大梅花听牌+超对，也有可能是两对或者小三条，即使对手有同花，我们已经付出筹码的一半了，只需要25%的胜率就可以跟注。

我们足够去跟注全压了。

转牌（情况三）：

转牌（51.5大盲），我们的牌力依然是超强的三条9，不过转牌的这张A已经伤害了很多JJ、QQ、KK，所以我们继续下注榨取价值，但是下注量不要太大，半个彩池下注足矣。

所以转牌继续下注26大盲。

2. 中强牌处理的例子

翻牌前我们持有：

BTN（100大盲）按钮位置玩家加注3，我们（100大盲）选择跟注期望中对子主宰对手的踢脚。

翻牌是：

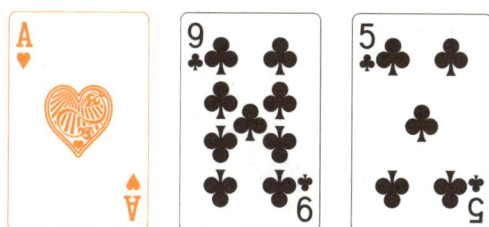

翻牌（7.5大盲），对手下注5大盲，我们过牌跟注。

转牌（情况一）：

转牌（17.5大盲）。这个转牌没有改变什么，我们还是中强牌，我们过牌，对手继续下注13大盲。

我们如何决策？

● 如果对手比较激进，会用听牌甚至诈唬继续下注转牌，我们就必须跟注转牌。

● 如果对手比较胆小，一般不会用弱牌继续诈唬，那么我们就需要考虑弃牌了。

- 如果对手倾向一般，我们还可以过牌跟注Turn，然后看河牌的发展。

转牌（情况二）：

转牌（17.5大盲）。这个转牌改变了我们的牌力，也就是转折点出现了。我们的牌力从中强牌变为强牌，这时我们必须改变在翻牌圈制定的计划。我们如何决策？

- 如果对手比较激进，会用听牌甚至诈唬继续下注转牌，我们就必须过牌跟注，希望对手在河牌继续诈唬。

- 如果对手比较胆小，一般不会用弱牌继续诈唬，那么我们如果过牌转牌，他们一般的牌力都会跟注过牌，但是如果我们主动下注转牌，他们会继续跟注我们，所以我们可以主动下注转牌。

- 如果对手是"跟注站"，不会弃掉顶对的牌力。我们可以过牌加注转牌，然后全压河牌，获得最大化的价值。

转牌（情况三）：

转牌（17.5大盲）。这个转牌改变了我们的牌力，也就是转折点出现了。我们的牌力变成中强牌和听牌，这时我们必须改变在翻牌圈制定的计划。我们如何决策？

- 如果对手比较激进，会用听牌甚至诈唬继续下注转牌，我们就必须过牌跟注，希望对手在河牌继续诈唬。

- 如果对手比较胆小，一般不会用弱牌继续诈唬，那么我们转牌选择过牌，他们继续下注很大的话，我们的对子A一般是落后了，这时候必须考虑是否有赔率继续跟注投机同花，100个大盲来说一般不够赔率继续跟注了，所以选择过牌弃牌。

- 如果对手是 "跟注站"，不会弃掉顶对的牌力。我们主动下注希望获得价值，防止对手过牌。

3. 中弱牌处理的例子

翻牌前我们持有：

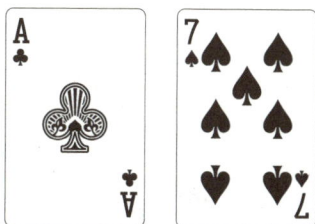

我们（100大盲）在按钮位置加注3个大盲，大盲（100大盲）跟注。

翻牌是：

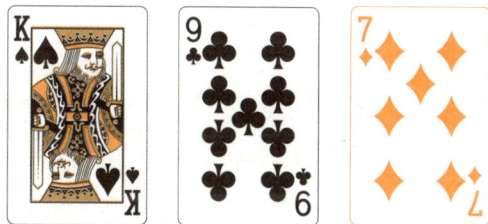

翻牌（7.5大盲）。对手过牌，我们主动下注5大盲，对手跟注。

转牌（情况一）：

转牌（17.5大盲）。这个转牌没有改变什么，我们还是中弱牌，对手过牌，我们如何决策？

- 如果对手比较激进，我们可以选择继续下注半诈唬，希望对手的对子9会弃牌，如果不弃牌，我们在河牌还可以过牌便宜摊牌。

- 如果对手比较胆小，一般不会用顶对以下弱牌继续跟注，那么我们就需要继续下注半诈唬。

- 如果对手倾向一般，我们还可以过牌转牌，然后看河牌的发展，希望河牌便宜过牌摊牌。

转牌（情况二）：

转牌（17.5大盲）。这个转牌改变了我们的牌力，也就是转折点出现了。我们的牌力变成中强牌和听牌，这时我们必须改变在翻牌圈制定的计划。我们如何决策？

- 如果对手比较激进，我们可以选择过牌转牌，引诱对手在河牌继续诈唬，然后我们加注河牌。

- 如果对手比较胆小，一般不会用顶对以下弱牌继续跟注，那么我们可以过牌转牌，然后对手河牌过牌的时候我们再选择下注，使得对手怀疑度上升而跟注我们的河牌。

- 如果对手跟注倾向高，我们还可以继续下注转牌，希望对手用顶对K或者中等对子9继续跟注。

转牌（情况三）：

转牌（17.5大盲）。这个转牌是非常差的牌，加强了对手的牌力。如果对手是对子K，碰到转牌这张T不会弃牌。如果对手是对子9，起手牌一般是89、9T、9J之类的牌，这张T也帮到了对手。所以我们不能继续下注半诈唬了，只能过牌。如果河牌不是A或者7，我们就只有选择在河牌弃牌。

4. 诈唬和半诈唬处理的例子

翻牌前我们持有：

中间位置（100大盲）玩家平跟进池，我们在按钮位置（100大盲）选择加注5个大盲。

翻牌是：

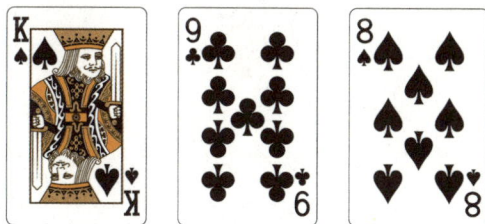

翻牌（11.5大盲）。我们下注8个大盲，对手跟注。

转牌（情况一）：

　　转牌（17.5大盲）。这个转牌改变了我们的牌力，也就是转折点出现了。我们的牌力变成同花超强牌，这张T也加强了对手的牌力，一般对手在翻牌跟注的牌会是KJ、KT、KQ，或者9T、9J，都击中这张T。所以我们和对手的牌力都提升了，但是我们是坚果牌，就必须要下注转牌了。对手多半会支付我们。

转牌（情况二）：

　　转牌（17.5大盲）。这个转牌8没有改变什么，对手的对子依然是对子，所以我们不能继续下注诈唬了，过牌转牌比较好。

转牌（情况三）：

　　转牌（17.5大盲）。这个转牌A改变了我们的牌力，现在我们有顶对A，比对手的对子K和对子9大，所以我们可以选择在转牌下注，然后便宜过牌在河牌摊牌。

Chapter 9

河牌圈打法——起承转合的"合"

KEY POINT ···

　　德州扑克是有四条街的，翻牌前（preflop），翻牌圈（flop），转牌圈（turn），河牌圈（river），实质就是"起承转合"。河牌圈是最后一条街，我们需要前面所有的信息，然后实施我们的计划，也就是"合"。河牌圈因为充满确定性，所以是相对比较简单的一条街。

9.1　摊牌价值

1.　什么叫摊牌价值

　　摊牌价值（Showdown Value），就是你的这手牌通过摊牌赢下彩池的可能性大小。

　　摊牌价值越高，通过河牌打到摊牌赢得彩池的可能性越大。所以我们可以玩到摊牌来赢得彩池。

　　摊牌价值越低，我们的牌很有可能不是最好的，所以通过河牌打到摊牌时赢得彩池的可能性很小。所以我们要考虑在河牌之前就结束战斗，"偷得"彩池，或者放弃，因为我们的牌无法通过摊牌赢得彩池。

2.　摊牌价值的例子

　　❶ 顶对，或者更好的牌，一般牌力都是比较强的，有摊牌价值而且可以在河牌下注获得更多的价值，可以根据自己的牌力，适当把彩池做大。

在这个例子中，我们的牌非常非常强，我们在河牌价值下注，会有很多更差的牌跟注甚至加注，比如Kx、9x、TT、JJ、QQ、AA、77、33。所以我们不仅有摊牌价值，而且可以榨取价值，把彩池做大。

❷ 中等对子或者小对子以及A高牌，有一定的摊牌价值，但是没有榨取价值下注的空间，因为没有多少更差的牌会跟注我们的价值下注。所以这些比较麻烦的又有摊牌价值的牌，我们可以尽量便宜地看到河牌并摊牌，尽量将底池控制得比较小。

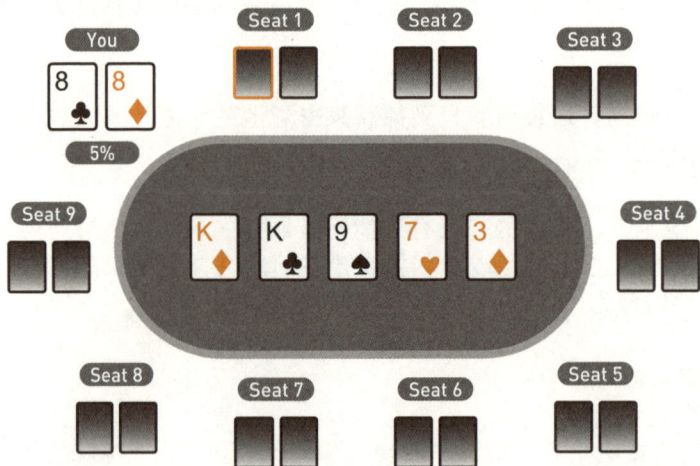

在这个例子中，我们的牌很有可能是最好的，但是还是很弱，有Showdown Value，但是还不够价值下注，所以我们尽可能把彩池控制得比较小，尽可能便宜摊牌。

❸ 对于一些破产听牌，以及一些小对子，几乎没有可能通过摊牌赢得彩池时，我们就必须考虑对手的范围，如果对手的范围不强，我们可以诈唬对手，如果对手的范围很强，我们就放弃。

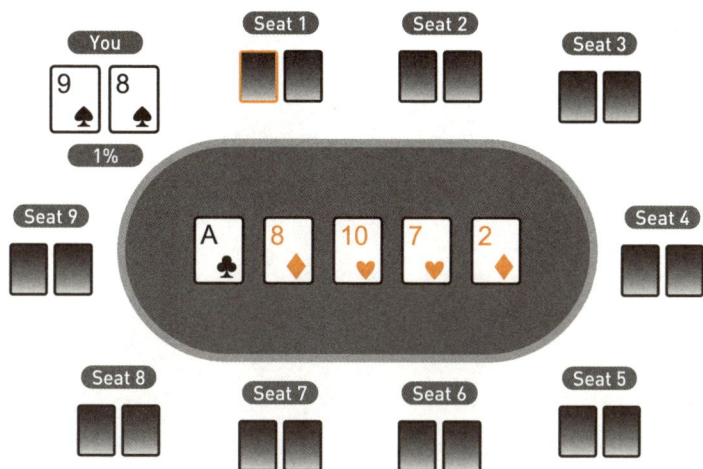

对手在翻牌前3bet（再下注）我们，我们拿着89s跟注3bet。对手下注翻牌，然后过牌转牌，我们必须估量自己的对子8的Showdown Value，这里是没有Showdown Value的，此时对手的任何Ax中了A以及任何口袋对子都会比我们的对8要大。所以我们的对8此时没有Showdown Value，我们再考虑对手的范围（range），对手下注翻牌，过牌转牌，很有可能是KK、QQ、JJ等低于A的对子，所以我们可以在转牌圈下注，然后全压河牌诈唬。

━━ 9.2　在河牌圈认识自己的牌力确定计划 ━━

河牌圈的牌力分为四种：

● 超强牌

● 中等偏强牌

● 摊牌价值

● 垃圾牌

我们认识了自己的牌力，然后考虑对手的牌力和倾向之后，河牌的决策就非常简单了。

案例：

翻牌前我们持有：

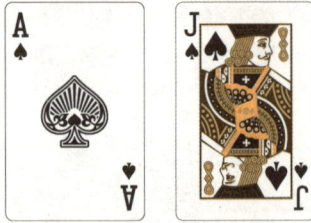

BTN（100大盲）按钮位置玩家加注3，我们（100大盲）选择跟注中对子主宰对手的踢脚。

翻牌是：

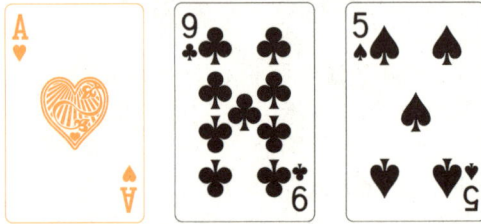

翻牌（7.5大盲），对手下注5大盲，我们过牌跟注。

转牌是：

转牌（17.5大盲），我们继续过牌，对手下注12大盲，我们跟注。

河牌（情况一）：

河牌（41.5大盲），我们首先认识我们的牌力，顶对中等踢脚，牌力中等偏上，然后我们根据对手的倾向来做决定：

❶ 如果对手是"疯鱼"，也就是喜欢诈唬的玩家，我们的决策非常简单，过牌引诱诈唬，然后跟注抓诈唬。

❷ 如果对手是"跟注站"，也就是喜欢跟注的玩家，我们可以在河牌下注半个彩池，希望对手用更弱的A或者Q跟注我们，如果"跟注站"加注我们就弃牌，对手一般有比我们更好的牌。

❸ 如果对手是"胆小鱼"，那么我们可以过牌弃牌。胆小的玩家如果牌力和我们相当或者比我们弱，我们过牌他也会跟着过牌。如果他们下注了，通常都是有两对以上的牌力，所以我们可以直接过牌弃牌。

河牌（情况二）：

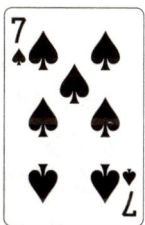

河牌（41.5大盲），我们首先认识我们的牌力：最大的同花，超强牌，然后我们根据对手的倾向来做决定。

❶ 如果对手是"疯鱼"，也就是喜欢诈唬的玩家，我们的决策非常简单，过牌引诱诈唬，然后加注全压。

我们过牌，如果"疯鱼"有强牌会自己下注，我们正好过牌加注全压，榨取最大价值；如果"疯鱼"没有强牌，他们也会试图诈唬，我们也可以赢一个诈唬。

但是如果我们主动下注很大，只会从"疯鱼"的强牌中盈利，而不能继续从"疯鱼"的诈唬中盈利。所以对付"疯鱼"这个河牌的决策，过牌加注会更好。

❷ 如果对手是"跟注站"，也就是喜欢跟注的玩家，我们可以在河牌下注一个彩池，希望对手用更弱的A或者Q跟注我们，如果被"跟注站"加注，我们就全压。

对付"跟注站"，情况有所不一样，我们如果过牌企图加注全压，跟注站牌力一般的时候会跟着过牌，使得我们失去了河牌价值下注的机会。但是如果我们下注，"跟注站"是愿意跟注我们的。所以对付"跟注站"，河牌主动下注，比过牌加注更好。

❸ 如果对手是"胆小鱼"，我们也必须主动下注河牌，原因和"跟注站"一样，他们没有强牌的时候，会跟着过牌而不会下注。VS"跟注站"和VS"胆小鱼"打法一样，都是主动下注河牌圈，但是不一样的地方是，下注量的大小。

"跟注站"愿意跟很大的注，我们可以下注一个彩池，甚至超彩池全压。但是"胆小鱼"胆子太小容易弃牌，所以下注三分之一到半个彩池之间的小注会更好，一方面引诱他跟注，另一方面，如果恰好"胆小鱼"有好牌他会加注我们，我们全压就好。

9.3 河牌圈需要达到的目的

1. 想要诈唬

当我们觉得自己的牌力落后于对手，但是对手有可能放弃一手比我们更好的牌，这时候我们就会考虑发动诈唬。诈唬不仅要考虑前面几条街的行动、牌面的发展、对手的倾向，还需要考虑自己的牌桌形象（也就是对手如何看待我们的倾向）。

通常来说，我们诈唬的对象最好是比较胆小，容易弃牌的玩家，而且我们的"形象"比较好，之前没有发动诈唬。

2. 想要便宜摊牌

我们有一手还可以的牌，但是不够强，比如中等对子、底对子、A高牌，我们并不希望玩一个大型彩池，而是希望在河牌圈能更加便宜的摊牌。

通常来说，对手比较被动，我们有位置，就很容易河牌通过过牌控制彩池，达到便宜摊牌的目的。

3. 想要获得价值

我们在河牌的牌力很强的时候，我们下注希望对手落后的牌能跟注我们，而获得价值。

通常来说，"跟注站"类型的玩家，跟注的倾向很高，在河牌价值下注他们一般会跟。

4. 准备放弃

我们的牌落后于对手，而且对手不愿意弃掉比我们更好的牌，所以我们只能选择放弃。

通常来说，比如对手是"跟注站"的时候，我们是无法诈唬走对手的，只能在河牌弃牌，不再继续向彩池里面投入更多的筹码，达到止损的目的。

9.4 对手的倾向影响我们在河牌的决策

1. 疯鱼

"疯鱼"喜欢在河牌发动诈唬，使得我们在河牌敢于用顶对跟注抓诈唬。

2. 跟注站

"跟注站"喜欢在河牌跟注抓诈唬，使得我们在河牌敢于用顶对价值下注，因为他们会用很多更弱的牌跟注我们，但是如果他们在河牌过牌加注全压，我们就需要弃掉顶对了，一般这时候都是慢玩的强牌。

3. 胆小鱼

"胆小鱼"喜欢在河牌犹豫和弃牌，使得我们在河牌时候适当发动诈唬，打走胆小鱼的顶对以及以下的牌力。

4. 实例分析

案例一：

翻牌前我们持有：

枪口玩家（100大盲）加注3大盲，我们（100大盲）在按钮位置用AhKh主宰对手的踢脚。

翻牌：

翻牌（7.5大盲），对手下注5大盲，我们跟注。

转牌：

转牌（17.5大盲），对手下注12大盲，我们跟注。

河牌：

河牌（41.5大盲），对手下注30大盲，我们首先认识自己的牌力，顶对顶踢脚，牌力中等偏上，然后我们根据对手的倾向来做决定：

❶ 如果对手是"疯鱼"，也就是喜欢诈唬的玩家，我们的决策非常简单，跟注抓诈唬。

❷ 如果对手是"胆小鱼"，那么我们可以弃牌。如果他们下注三条街，通常都是有两对以上的牌力，所以我们可以直接弃牌。

❸ 如果对手是"跟注站"，也就是喜欢跟注的玩家，我们选择弃牌。跟注站类型玩家一般比较被动，当他们主动进攻三条街的时候，多半不是诈唬，现在唯一要考虑的是"跟注站"玩家会不会拿着比AK更差的牌下注三条街，答案是不会，所以这里选择弃牌。

案例二：

翻牌前我们持有：

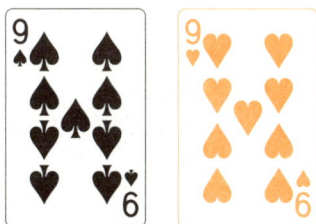

我们（100大盲）在按钮位置加注3大盲，大盲位置跟注（100大盲）。

翻牌：

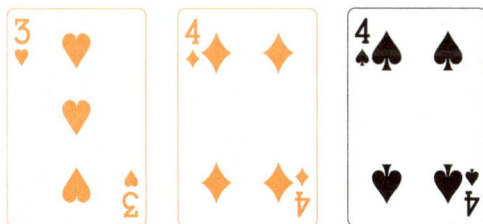

翻牌（7.5大盲），我们下注5大盲，对手跟注。

转牌：

转牌（17.5大盲），大盲玩家过牌，我们跟着过牌。

河牌：

河牌（17.5大盲），对手下注16大盲，我们首先认识自己的牌力，第三大对子，牌力中等偏下，然后我们根据对手的倾向来做决定：

❶ 如果对手是"疯鱼"，我们的决策非常简单，跟注抓诈唬。

转牌和河牌的两张高牌增加了"疯鱼"诈唬的频率，而且翻牌的所有顺子听牌在河牌都破产了，"疯鱼"会用破产听牌诈唬。

❷ 如果对手是"胆小鱼"，那么我们可以弃牌。

胆小的玩家如果牌力和我们相当或者比我们弱，他们会在河牌圈过牌希望便宜摊牌，而不是主动下注，"胆小鱼"这时候通常都是有对子K或者三条，所以我们可以直接弃牌。

❸ 如果对手是"跟注站"，当他们主动进攻第三条街的时候，多半不是诈唬，现在唯一要考虑的是"跟注站"玩家会不会拿着比99更差的牌下注河牌圈，答案是不会，所以这里选择弃牌。

案例三：

翻牌前我们持有：

枪口位置玩家（100大盲）平跟1大盲，我们在按钮位置（100大盲）加注4大盲，枪口玩家跟注。

翻牌：

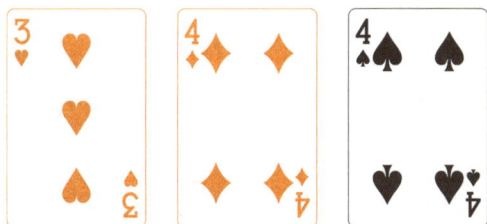

翻牌（7.5大盲），枪口玩家过牌，我们下注5大盲，对手跟注。

转牌：

转牌（17.5大盲），枪口玩家过牌，我们下注12大盲。

河牌:

河牌（41.5大盲），枪口玩家过牌，我们首先认识我们的牌力，A高牌，牌力很弱，然后我们根据对手的倾向来做决定：

❶　如果对手是"疯鱼"，有比较好的牌会主动在河牌圈下注，而不是过牌，所以这时候"疯鱼"应该持有3x底对、55～TT或者偶尔是破产听牌、A高牌，我们可以利用转牌和河牌这两张高牌发动诈唬，迫使疯鱼弃掉3x、55～88的对子。

❷　如果对手是"胆小鱼"，应该持有3x底对、55～TT或者偶尔是破产听牌、A高牌、慢玩的三条，甚至葫芦。不过我们可以利用转牌和河牌这两张高牌发动诈唬，迫使"胆小鱼"弃掉3x、55～88的对子。

❸　如果对手是"跟注站"，一般在河牌圈跟注倾向很高，他们会拿着任何对子在河牌圈跟注我们，所以不宜继续发动诈唬，过牌放弃是明智的选择。

案例四：

翻牌前我们持有：

我们在按钮位置（100大盲）加注3大盲，大盲玩家（100大盲）跟注。

翻牌：

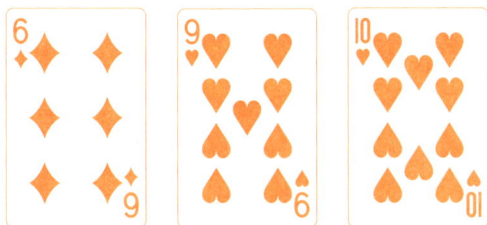

翻牌（7.5大盲），大盲玩家过牌，我们下注5大盲，对手跟注。

转牌：

转牌（17.5大盲），大盲玩家过牌，我们下注12大盲，对手跟注。

河牌：

河牌（41.5大盲），大盲玩家过牌，我们首先认识自己的牌力，三条6，牌力超强，对手在河牌圈过牌，这是我们最后一次获得价值下注的机会，所以必须要下注。

我们下注30大盲，对手过牌加注全压，怎么办？

因为我们付出了大部分的筹码，只需要跟注50大盲去赢取150个大盲的彩池，只需要25%的胜率。而且对手可能用两对加注全压，所以我们有足够胜率去跟注全压。

案例五：

翻牌前我们持有：

我们在关煞位置（100大盲）加注3大盲，按钮位置"疯鱼"（100大盲）跟注。

翻牌

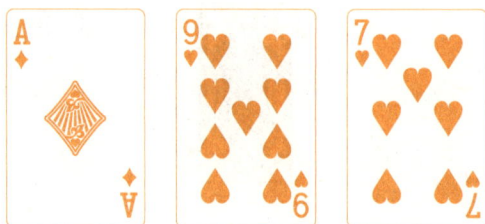

翻牌（7.5大盲），我们下注5大盲，"疯鱼"跟注。

转牌：

转牌（17.5大盲），我们下注12大盲，"疯鱼"跟注。

河牌：

河牌（41.5大盲），我们过牌，"疯鱼"下注22大盲，怎么办？

我们面对一个"疯鱼"，他表现得很激进，我们在翻牌圈和转牌圈下注希望从对手的顺子听牌、同花听牌、顶对弱踢脚中获得价值。在河牌圈当所有听牌都错过的时候，我们过牌，希望能引诱"疯鱼"用破产听牌诈唬，"疯鱼"正如期待中一样下注了，我们选择跟注抓诈唬。

案例六：

翻牌前我们持有：

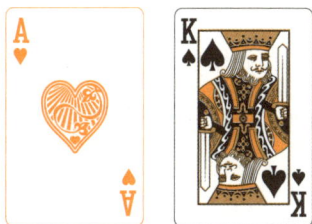

我们在关煞位置（100大盲）加注3大盲，按钮位置"胆小鱼"（100大盲）跟注。

翻牌：

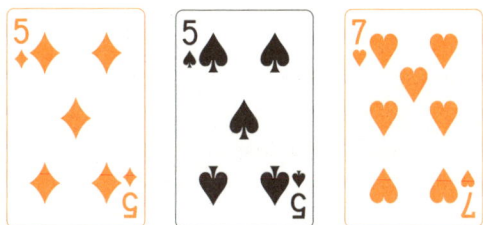

翻牌（7.5大盲），我们下注5大盲，"胆小鱼"跟注。

转牌：

转牌（17.5大盲），我们过牌，"胆小鱼"也过牌。

河牌：

河牌（17.5大盲），我们下注12大盲，"胆小鱼"下注36大盲，怎么办？

河牌我们击中了顶对K，下注希望"胆小鱼"用其他的对子跟注我们，但是"胆小鱼"突然加注了。通常来说"胆小鱼"不爱发动诈唬，所以这时候"胆小鱼"多半是有好牌的，而且牌力强于我们的顶对K，或者是慢玩的三条、葫芦，或者是顺子、同花。

所以河牌我们虽然价值下注了，但是被"胆小鱼"加注之后还是需要弃牌的。不是说我们非得拿着坚果牌才能价值下注，拿着顶对也可以价值下注，也不是说我们价值下注之后就不会弃牌了，有时候价值下注被加注之后，考虑到我们很可能已经落后了，也是需要下注—弃牌的。

Chapter 10

融会贯通

KEY POINT ···

　　玩好了听牌，就玩好了德州扑克，因为听牌是德州扑克里面最能体现综合实力的部分，里面涉及到位置的运用、价值下注、诈唬半诈唬、弃牌率和赢率、缠打、"开两枪"诈唬、彩池管理和控制、摊牌价值等几乎所有的德州扑克知识。也就是听牌融会贯通了德州扑克的所有知识。由于彩池管理和控制，以及AK的玩法也是比较综合的内容，也都一起放在本章。

10.1　听牌

　　听牌（Draw）就是目前牌力落后于顶对（或者与顶对接近），但是一旦转牌和河牌来了某些需要的牌，牌力就能大大改善。

10.1.1　翻牌前的听牌

　　为什么我们在翻牌前愿意玩56s、44之类的牌，而且有时候我们在知道对手底牌非常强的情况下（比如，知道对手拿着AA），都愿意玩56s、44之类的牌，原因就是56s、44之类的牌称为翻牌前的听牌。这类听牌比较隐蔽，而且一旦成牌就能成牌力非常强的牌（暗三条、顺子、同花），只要翻牌前的Pot Odds（彩池赔率）是足够的，我们常常会玩这些翻牌前的听牌。

　　翻牌前的听牌中最强的还是AK，这手牌听的是对子（3个A和3个K的对子），AK在翻牌前属于非常强大的听牌。它的特性是：仅仅害怕6手牌（3个AA、3个KK），与22～QQ的所有对子五五开，对上任何单牌都有优势，主宰Ax、Kx胜率达到70%。

　　所以AK在翻牌前一般玩得很激进，原因就是它是翻牌前的强听牌。

10.1.2 翻牌前听牌的常见误区

1. 不够Pot Odds（彩池赔率）

比如：我们你拿着44 加注 3大盲，对手再加注到10大盲，很多玩家都会去跟注，企图中三条，也就是把44当做3个出牌的听牌来玩，但是小对子在翻牌中三条的概率是1/7，也就是翻牌前只要付出多于总筹码的1/7，就是错误。

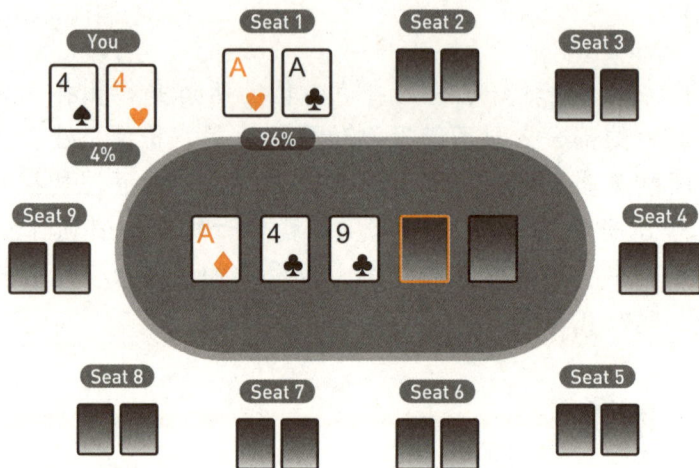

而实际中还要考虑，我们中三条，对手中更大的三条的可能性，也就是set over set，也就是少数时候，即使我们中了听牌还是会输。

另外，有时候，我们中了暗三条，对手不会买单，比如对手有时候拿着KK，翻牌是A84，对手不会全压。

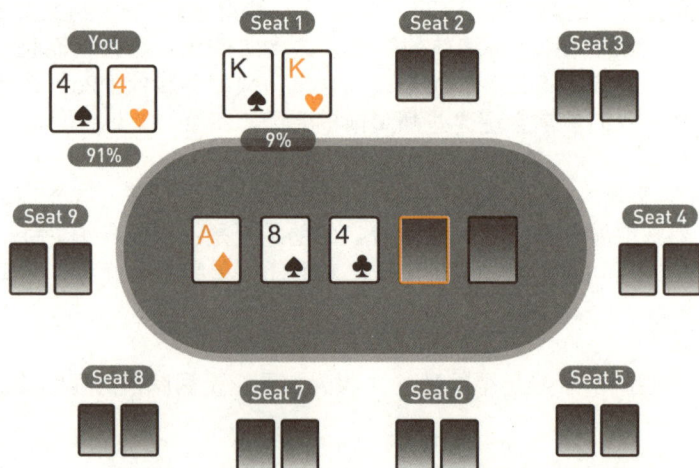

对手如果拿着AK，翻牌是Q84，我们中了暗三条，对手还是不会买单。

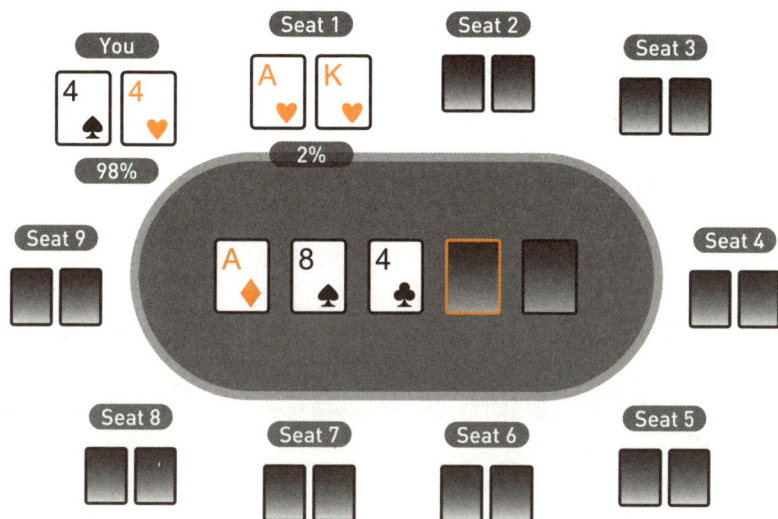

所以考虑到这些因素，翻牌前不要投入有效筹码的1/12投机三条。

同样，同花连牌也一样，不要在翻牌前投入多于有效筹码的1/12玩同花连牌。原因和小对子一样，不够pot odds。

2. 喜欢玩非坚果类的听牌

很多人喜欢玩A8o、KJo、KTo之类的牌。这类牌在翻牌前是听牌，听的是对子，比如KJo听3个K和3个J。但是有时候听中了，仍然落后于对手。如果对手拿着AK，我们中了K，对手也中了K，但是踢脚比我们好。

所以这类非坚果类的听牌存在反向隐含赔率（中了输得更多），需要更加谨慎地对待。

建议在前面位置或者筹码深度很高时，当后面有位置的玩家很凶，我们要少玩KJo之类的容易被主宰的非坚果类听牌。

3. 习惯太过于被动地玩听牌

比如：翻牌前拿着AKo，大可以激进地玩，因为我们的听牌很强，强的牌力加上弃牌率会让AKo这手牌的盈率大大增加。如果仅仅靠实实在在的中听牌来盈利，那么AK和22单挑还只是五五开，就没有把AK这手翻牌前的超强听牌的特色发挥出来。

有时候有些听牌的确需要被动的玩，比如22～66的小对子，在我们知道对手很紧，对手的范围（Range）很紧时，我们可以被动的跟注，然后投机，希望在翻牌中超强牌。如果我们再加注，激进地玩，对手肯定会第四次下注（4bet），甚至全压，这样就得不偿失了。

TIPS

对于一手听牌是激进的玩还是被动的玩，需要读牌。

- 当我们觉得对手的牌力很弱时，就可以激进地玩听牌，争取弃牌率。

- 当我们的听牌很强很强时，比如AK，可以激进地玩听牌，争取弃牌率。

- 当我们觉得对手的牌力很强时，可以被动地玩听牌，争取便宜看到翻牌，争取隐含赔率。

10.1.3 翻牌后的听牌

翻牌的听牌一般分为：

- 顺子听牌

- 同花听牌

- 坚果同花听牌

- 同花顺子听牌

- 对子加听牌

- 两张高牌

- 后门顺子听牌

- 后门同花听牌

我们玩一手翻牌听牌，做决策和计划之前必须考虑如下几个因素：

1. 听牌的强度

- 强听牌：一般价值（Equity）高于45%的听牌，我们称为强听牌。比如，同花顺子听牌、对子+同花听牌、坚果同花听牌（带A的同花听牌也就是最大的同花听牌）。

下图为坚果同花听牌+两张高牌的强听牌。

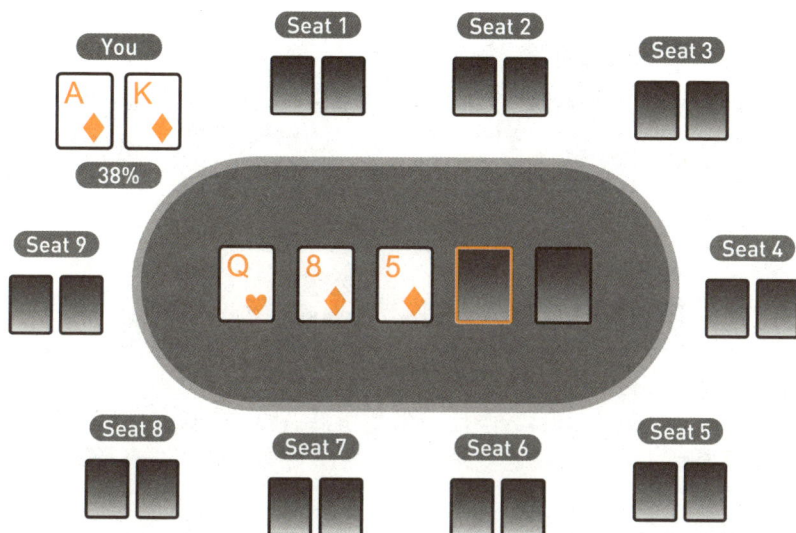

下图为同花顺子听牌。

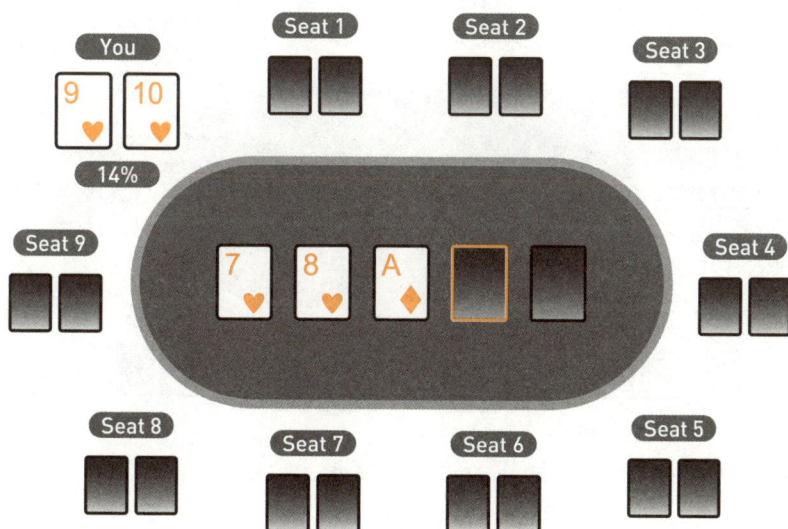

下图为顶对+坚果同花听牌。

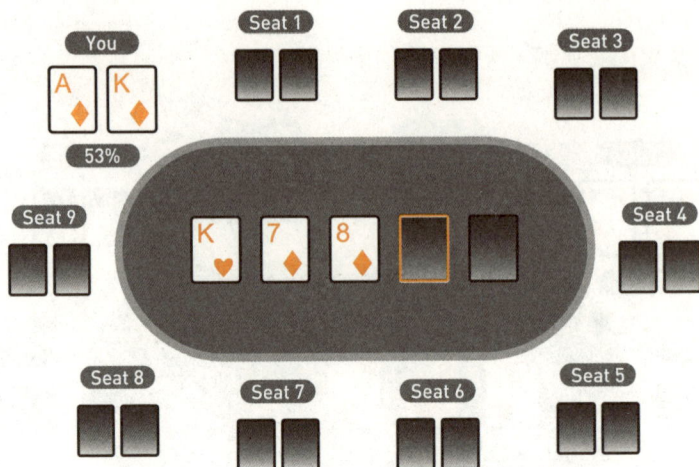

❷ 弱听牌：价值（Equity）比较低的听牌，低于24%。比如，卡顺子、两张高牌、后门听牌（后面听牌也就是当转牌来了合适的牌才有真正的听牌）。

下图为两张高牌的弱听牌。

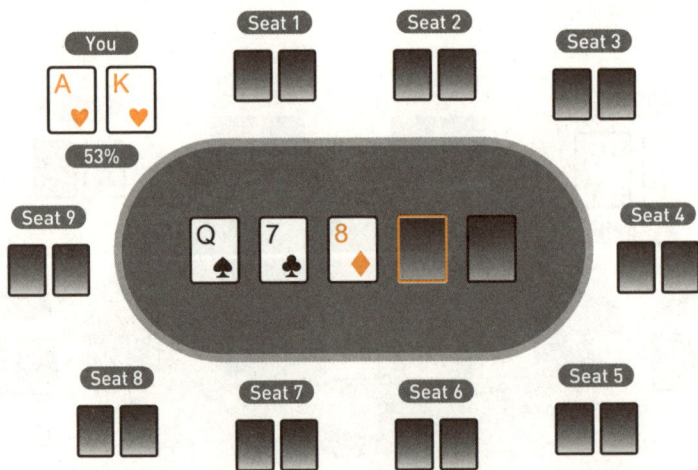

下图是卡顺听牌+后门红心听牌（当转牌来了红心才有真正的同花听牌）的弱听牌。

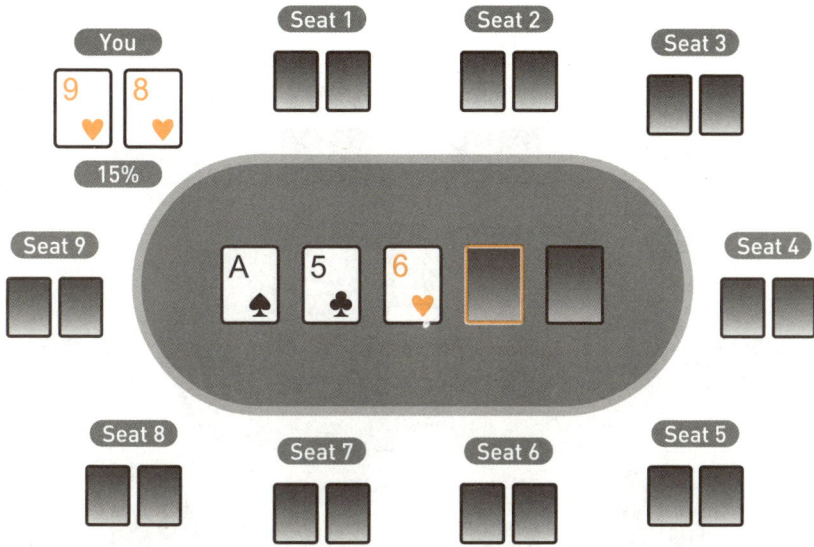

③ 中性听牌：牌力一般，一般为两端顺子听牌、同花听牌。

下图为同花听牌。

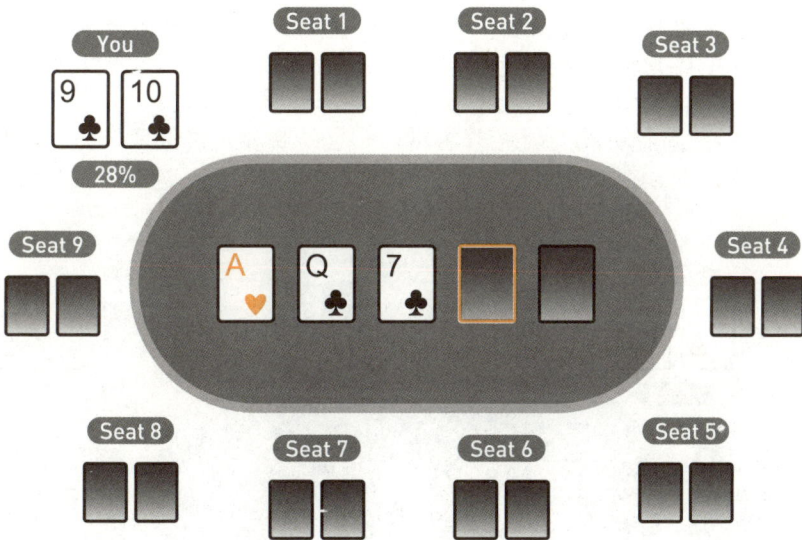

下图为顺子听牌+后门同花听牌。

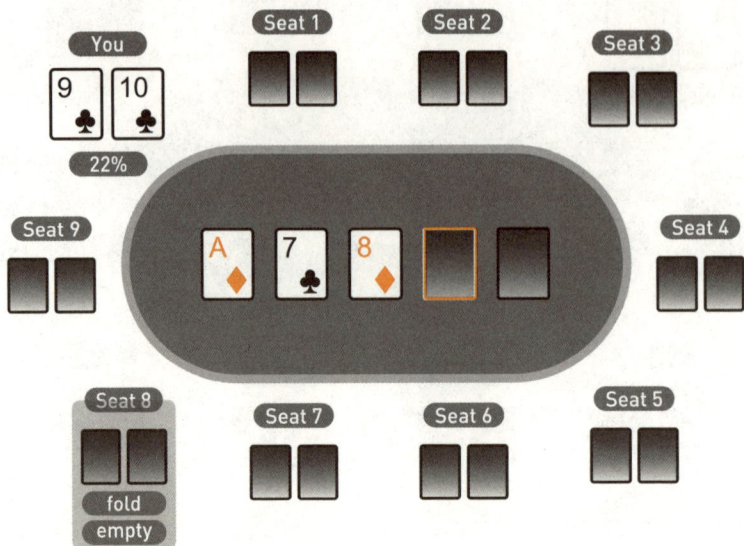

2. 听牌的隐蔽性

❶ 隐蔽性较高：卡顺、后门听牌、顺子听牌。这三类听牌的隐蔽性非常高，一旦击中听牌常常能得到巨大的支付。

下图的后门同花听牌隐蔽性非常高，一旦转牌和河牌来两个方块，对手很难想到我们有同花，得到支付的概率也很高。

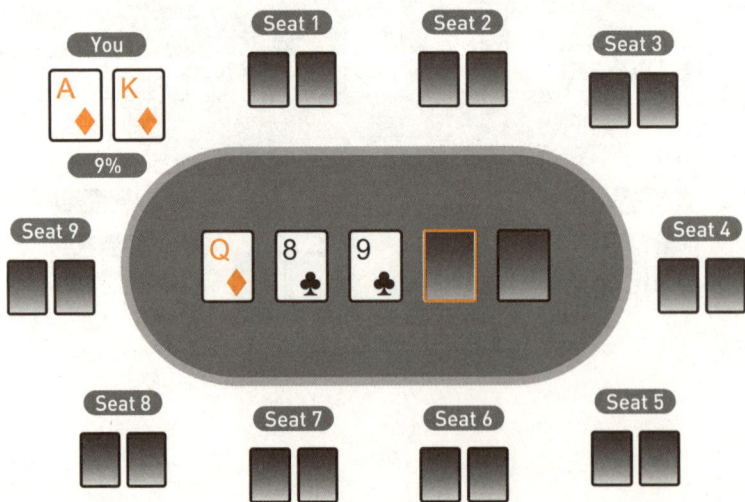

下图为卡顺听牌，一般来说顺子听牌的隐蔽性比同花听牌高很多，一旦击中也常常得到巨大的支付。而同花听牌出现第三个同花的时候，对手会非常谨慎，很难得到巨大的支付。

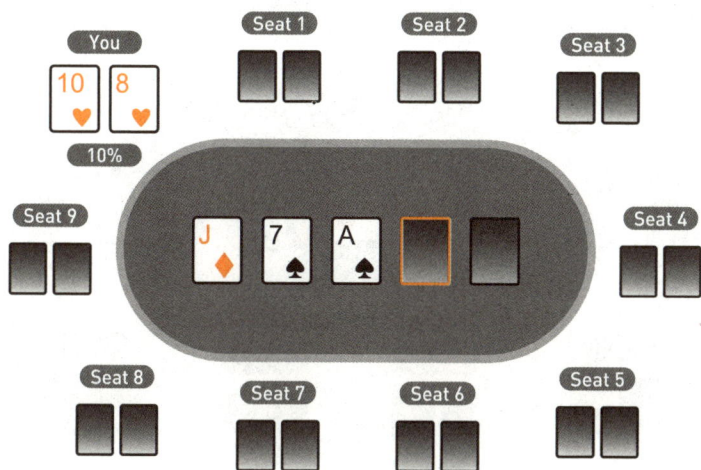

下图为两端顺子听牌+后门同花听牌，比较隐蔽，击中的时候容易被支付。

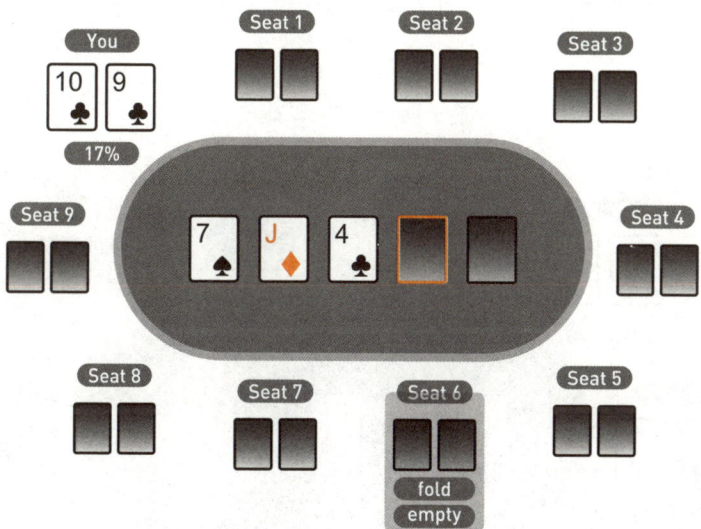

❷ 隐蔽性较低：同花听牌。

同花听牌的隐蔽性很差，一般的对手都会注意到第三张同花出现在转牌和河牌，会非常谨慎，很难得到很大的支付。所以同花听牌很难有较大的隐含赔率，一般来打弃牌率，也就是拿着同花听牌主动开火追求弃牌率，而很少被动跟注追求隐含赔率。

下图为同花听牌。

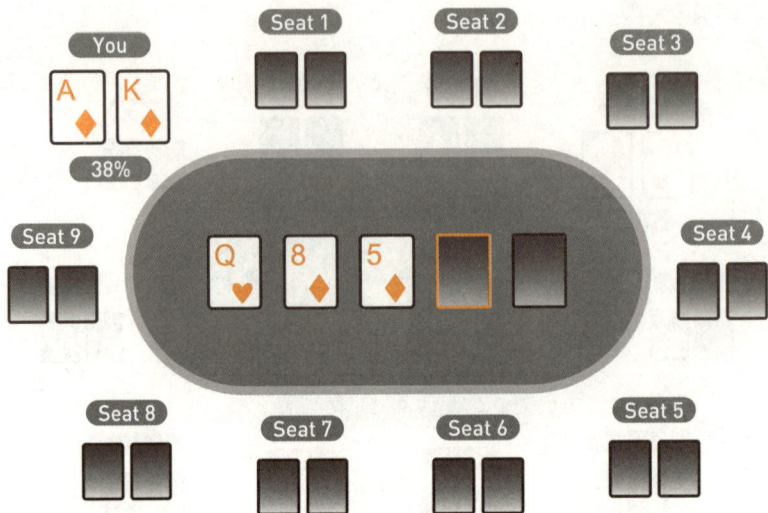

3. 坚果性

所谓坚果也就是牌力最强的意思。坚果听牌总是比非坚果听牌强很多，我们更倾向于玩有坚果性的听牌。

下图为大顺子听牌 vs 小顺子听牌，胜率非常高。

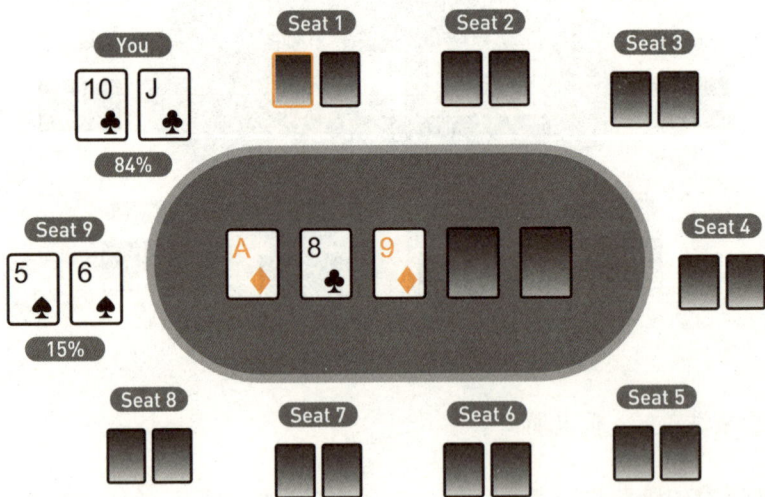

下图为大同花听牌vs小同花听牌，胜率非常高。

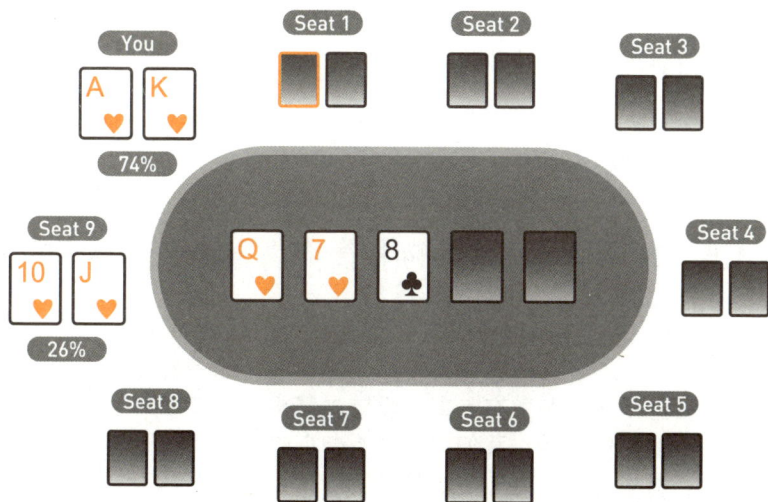

10.1.4 玩听牌的一般准则

❶ 牌力越强（equity越高），越倾向于激进地玩。比如，翻牌的坚果同花听牌、翻牌前的AK、翻牌的同花顺听牌、翻牌的对子+同花听牌。

❷ 牌力越弱（equity越低），越倾向于被动地玩。比如，卡顺。

❸ 牌力中性（equity一般，32%—36%），看着办。比如，两端顺子听牌、同花听牌。

- 当读到对手范围很弱时就可以将这类听牌激进地玩，争取弃牌率。

- 当读到对手范围很强时就可以被动地玩，希望便宜看到转牌和河牌，争取隐含赔率。

所以要看当时的读牌。

❹ 越是非隐蔽的听牌越是激进地玩。

因为同花听牌是非常明显的听牌，一般人看到第三张同样花色的转牌或者河牌就会很谨慎，不会全压。所以同花听牌属于非隐蔽类的听牌，正是因为太明显，所以没有太大的隐含赔率，这也是将坚果同花听牌强玩的重要原因。

❺ 越是隐蔽的听牌，得到支付的概率越高。

因为隐蔽，对手没有想到，所有当中了的时候，我们加注河牌，对手也不会相信，所以听牌越隐蔽，隐含赔率越大。

❻ 持有坚果类的听牌，当读到对手很有可能在听牌时，被动地玩，希望中了听牌，然后将对手清空。

10.1.5　玩听牌是一个不断权衡弃牌率和隐含赔率的过程

听牌越隐蔽，隐含赔率越高，我们就越倾向于被动地便宜地玩；听牌越明显，隐含赔率越低，而听牌的强度又很强，比如同花顺子听牌、坚果同花听牌，我们就越倾向激进地玩，争取弃牌率；听牌越坚果，当读到对手也在听牌时，就被动地玩，希望对手中听牌，我们中坚果听牌，隐含赔率变得重要了。当读到对手的范围越弱，对手的倾向越弱，越是强玩听牌，比如两端顺子听牌和同花听牌本来是牌力一般的牌，但读到对手范围很弱时就应该激进地玩。

1.　关键是平衡（balance）

● 当我们激进地玩听牌时，我们加注、下注的范围中不仅仅有听牌，还有两对、三条、完完全全的诈唬。

● 当我们被动地玩听牌时，我们跟注或者过牌一跟注，我们的手牌范围中不仅仅有听牌，还有顶对、中对、两对、三条、缠打。

● 将我们的范围平衡起来，对手才会更难读到我们的手牌，而当我们有牌时对手会错误地不相信而跟注，当我们没牌时对手又错误地相信而弃牌。

另外，听牌要和缠打、"开两枪"诈唬结合起来玩才强而有力。

比如：我们持有AKs，在翻牌是Q86中有后门同花听牌，转牌是J，我们有同花听牌了，就可以"开两枪"诈唬，或者用两端顺子缠打翻牌，当对手过牌转牌给你时，我们下注半诈唬常常拿下彩池等。

所以我们将缠打、"开两枪"诈唬结合起来，会发现新的天地。

2.　玩好听牌是个综合能力的体现

听牌不仅仅是玩手上的两张底牌，更加玩得是我们的形象、我们的历史，玩的是缠打、"连开两枪"诈唬、隐含赔率、诈唬，玩得是平衡范围（Balance Range）。一个扑克玩家玩听牌的实力，往往就代表这个玩家的真实实力。

很多新手玩听牌就是不停追，过牌一跟注，希望在河牌中，然后赢下对手所有的筹码。这种被动地玩听牌的方式是最初级的，只有少数的情况适合这种玩法。

3. 玩听牌的准则

- 当我们读到对手的牌力不强，对手的风格是很弱很容易弃牌的，我们就应该强力的玩听牌，下注或者加注，能打走对手就好，打不走也没有关系。

- 当我们读到对手的范围很强时，我们就应该被动地玩，便宜地玩听牌，尽可能便宜看到转牌和河牌，然后赢掉对手所有的筹码。

同花听牌属于很明显的听牌，所以一般隐含赔率很低，即使中了对手也不大会买账。所以同花听牌一般强玩，特别是对上弱的对手，翻牌的最高牌小于J时。

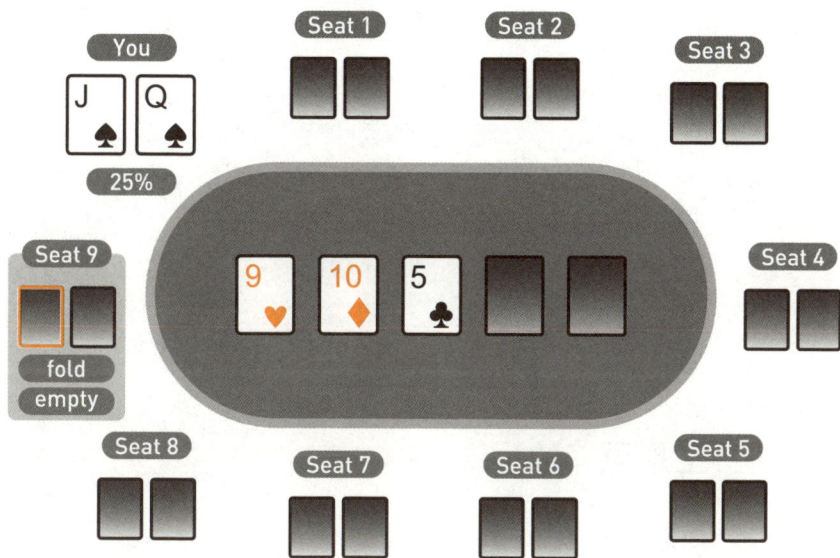

下图就不适合强玩听牌，因为对手一般不愿意弃掉顶对A，所以隐含赔率稍微高一点，而我们只有9个同花出牌，K和Q不是出牌，赢率就相对低一些，一旦在翻牌圈加注全压，我们往往处于36%的劣势。

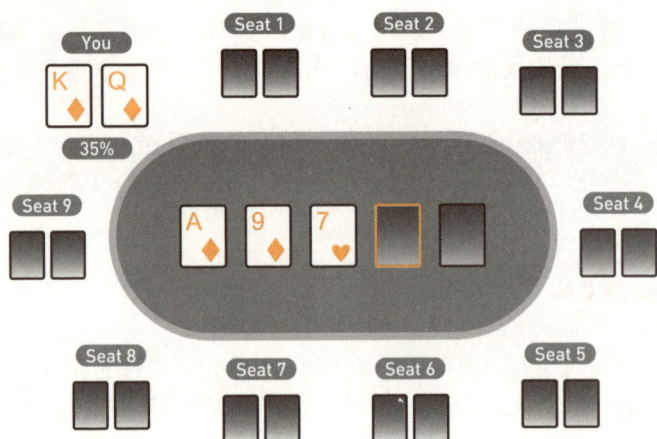

下图适合玩强听牌，因为很多人愿意弃掉小的顶对，弃牌率就高一些，我们的赢率也高一些，毕竟我们的K和Q也是出牌（Outs），即使翻牌全压我们也有50%的赢率。

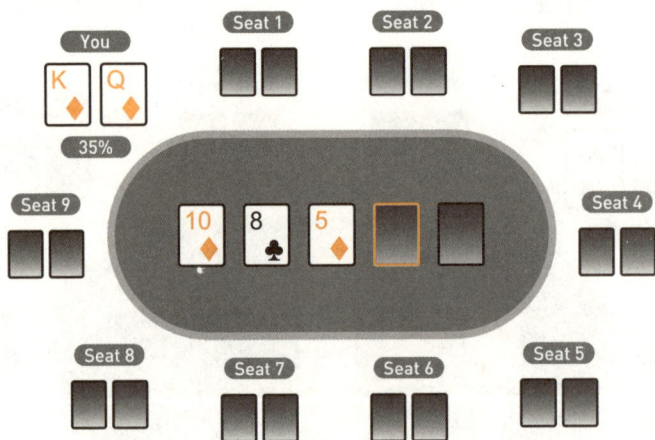

10.1.6 坚果同花的玩法

坚果同花一般强玩，跟注、下注、加注都是可以的。因为隐含赔率低，赢率很高，主宰所有的顺子听牌，主宰所有同花听牌。

只有在极少数情况下被动地玩坚果同花听牌，那就是对手是非常狡猾的高手，他认为我们会100%快玩坚果同花，所以当你慢玩了坚果同花听牌，而当转牌或者河牌出现第三张同花时，他们要么强力诈唬（因为他们觉得我们不会是同花听牌），要么不担心这第三个同花色的牌（因为他们觉得我们的被动玩法里面没有坚果同花听牌）。不过这样的对手很少，只有在高级别才能遇到。

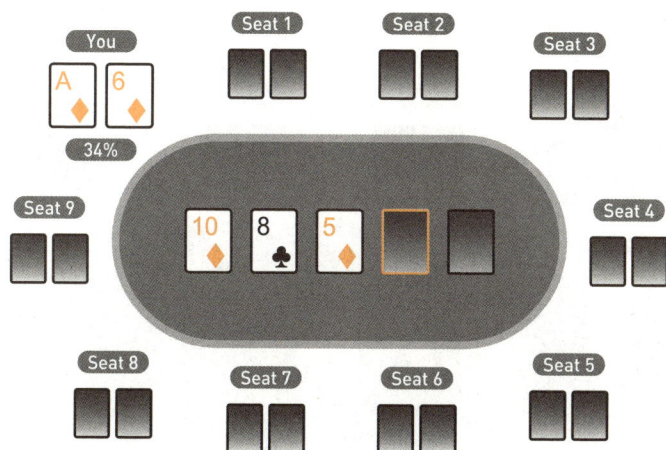

我们在一个特定的翻牌圈强力的下注和加注时，我们的范围里面一定要有很多种类的牌。

● 中等强牌：超对。

● 超强牌：三条、两对、顺子。

● 听牌：同花听牌，顺子听牌。

● 完完全全的诈唬。

将听牌和成牌混合起来，这样我们的半诈唬在成牌的掩护下才更有威慑力。

下图为超对。

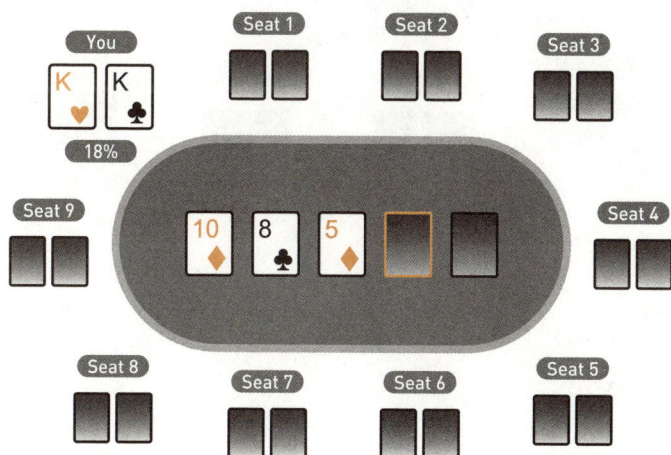

下图为坚果同花听牌。

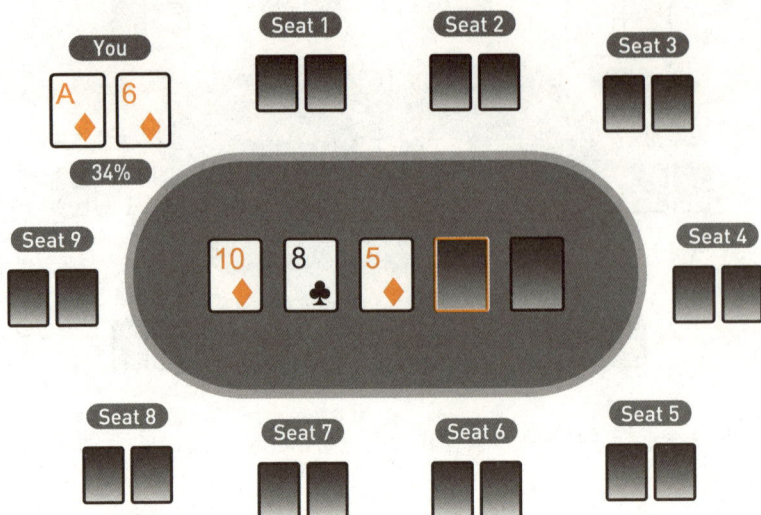

下图为三条。

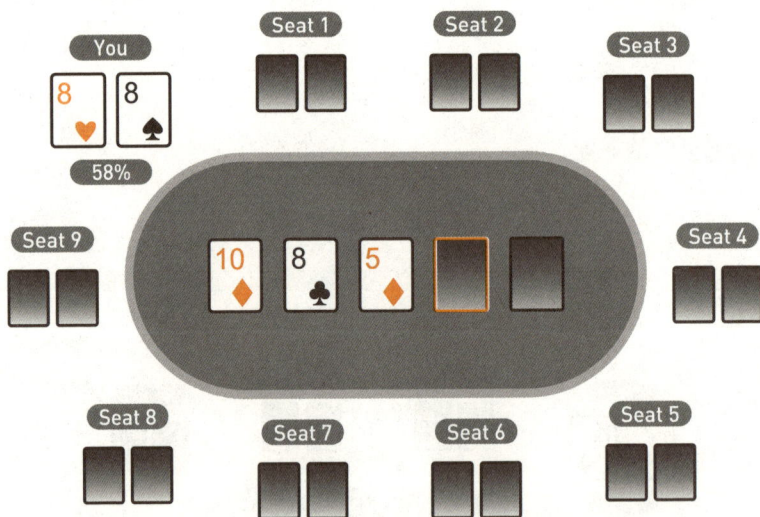

10.1.7　听牌一定要和缠打结合起来

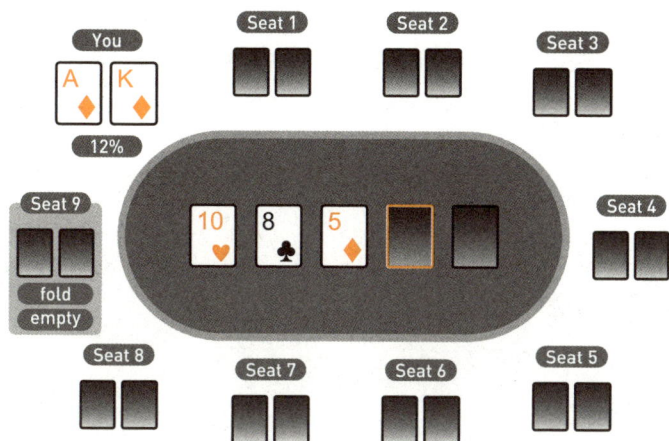

上图中，对手在翻牌圈下注，我们可以用两张高牌和后面同花跟注翻牌。然后转牌出现任何方块，任何A、K、Q、J时，对手在过牌给我们时，我们可以下注 2/3个彩池半诈唬"偷"彩池。

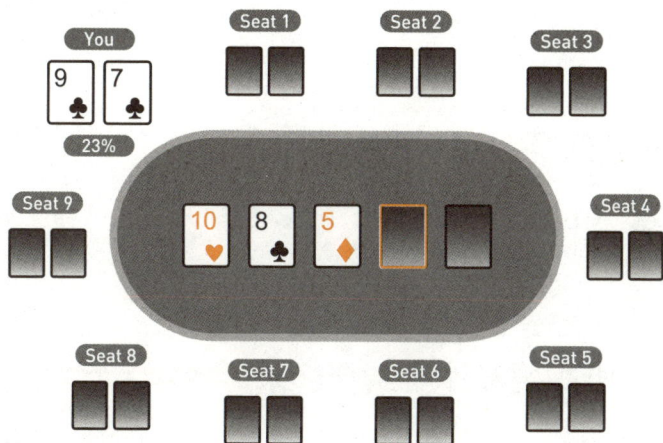

上图中，对手在翻牌圈下注，我们可以用顺子听牌跟注翻牌。然后转牌出现任何梅花，任何A、K、Q、J时，对手在过牌给我们时，我们可以下注2/3个彩池半诈唬"偷"彩池。

我们在翻牌的跟注有两个计划。

计划A：中了6或者J的顺子。

计划B：即使不中可以诈唬某些高牌，半诈唬梅花的后门听牌。

10.1.8 听牌要和"开两枪"结合起来

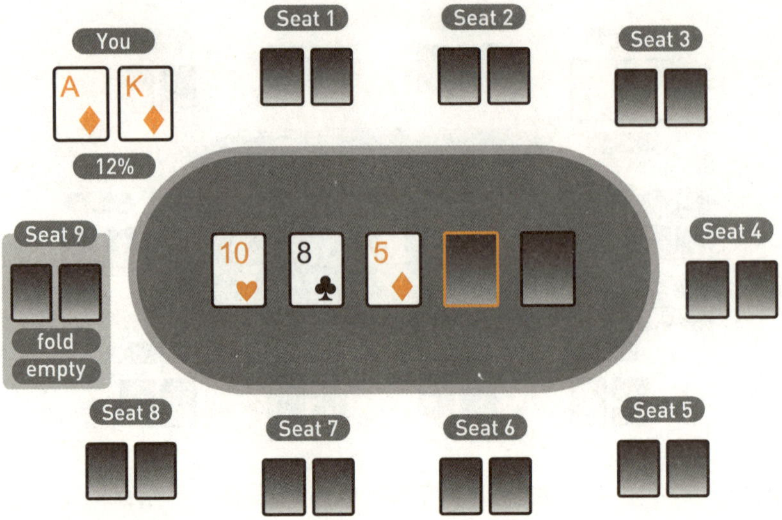

上图中，我们在翻牌用AKs下注，有两个计划。

计划A： 对手弃牌，开心拿下。

计划B： 即使对手跟注了翻牌，转牌出现A、K就价值下注；转牌出现Q、J就诈唬；转牌出现方块，我们下注半诈唬。

转牌有很多牌让我们开"第二枪"（3张A、3张K、4张Q、4张J、7张方块，总共21张），这21张牌在转牌出现的概率是42%。

10.1.9 听牌要和诈唬结合起来

下面这个例子里面我们是同花听牌，我们知道对手是顶对，但是河牌完成了顺子听牌，我们可以全压河牌诈唬。

因为对手不知道我们在听同花还是听顺子，所以这些顺子听牌的出牌也成了我们的诈唬出牌。

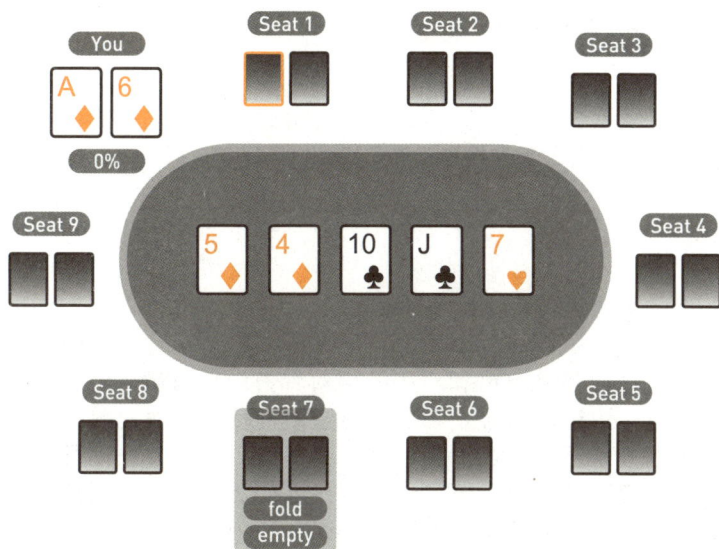

10.1.10　后门同花听牌

后门同花听牌的隐蔽性相当高，隐含赔率也相当高。所以在河牌一旦中了后门同花听牌，要激进的价值下注，或者过牌加注全压。

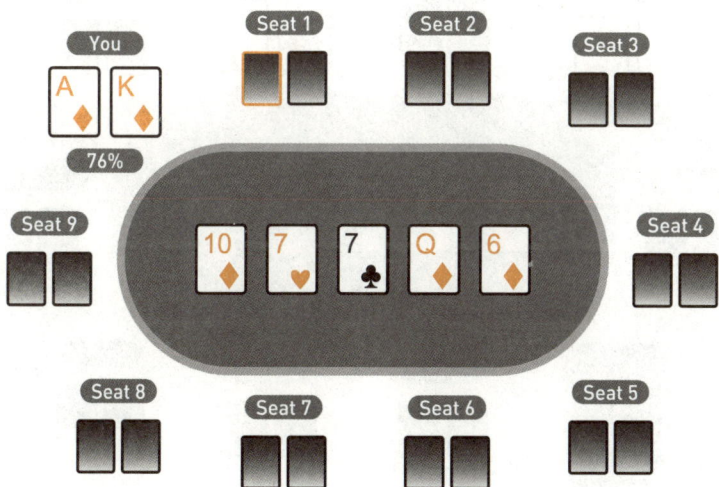

10.2 彩池控制

当我们的牌力有摊牌价值，但是不算强牌时，我们只打算玩一个小的或者中等的底池，就必须实行彩池控制（Pot Control）。

1. 彩池控制的误解

误解：为了彩池控制而过牌，是软弱的表现。

我们玩牌的理由是从自己和对手的相对牌力中榨取最大的价值下注，同时又不会玩得太过（太过的意思是榨取价值过度而使得所有比我们弱的牌跑了，比我们强的牌留下来了）。当我们的牌力并不强，但是领先的可能性很大，此时，可以选择价值下注榨取价值，但是如果连续下注三条街到全压，那么就没有更差的牌会跟注这么多条街，剩下的都是比我们强的牌。这不是软弱，而是明智。

案例一：如果我们用KQ一直下注翻牌，下注转牌，对手肯定会弃牌。但是如果我们过牌翻牌，下注转牌，下注河牌，对手跟注转牌和河牌还是很有可能的。

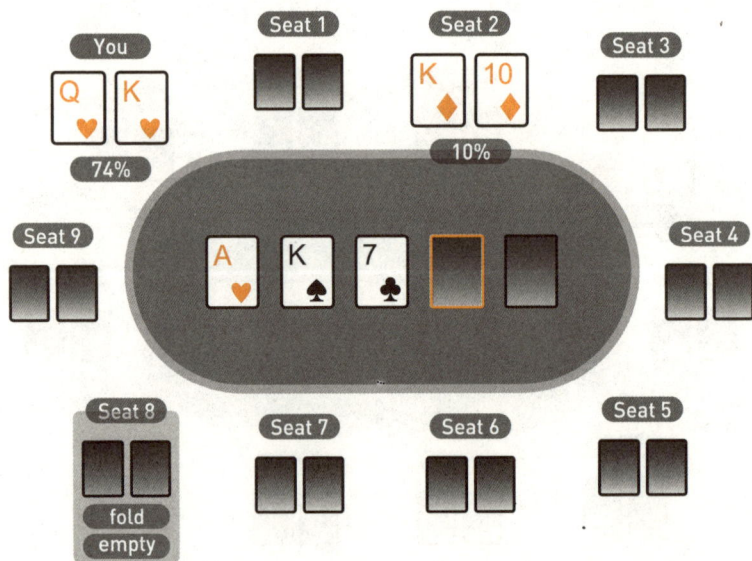

当对手是AT的顶对时，如果我们用KQ一直下注翻牌，下注转牌，我们就榨取价值过度了，因为对手会跟注，而且牌力比我们强。

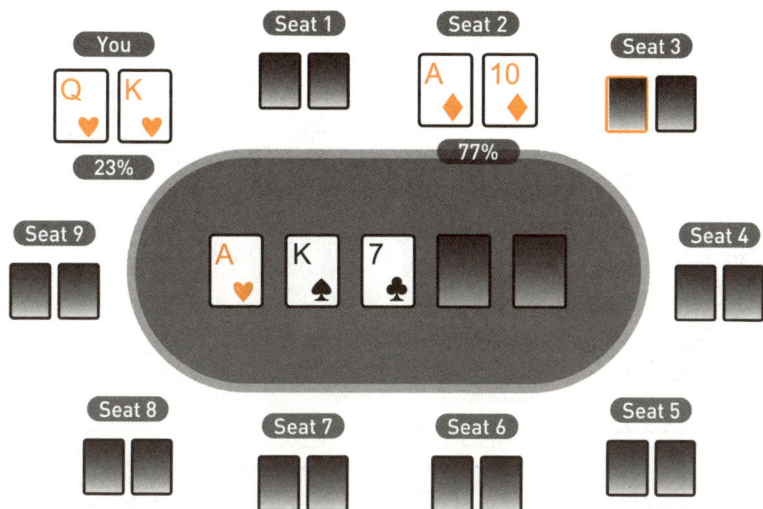

案例二：如果我们用KQ一直下注翻牌，下注转牌，对手肯定会弃牌。但是如果我们过牌翻牌，下注转牌，下注河牌，对手至少会跟注转牌一条街，也就是我们得到了一条街的价值。但是如果我们在翻牌下注的话，对手肯定会直接弃牌翻牌，我们没有获得价值。

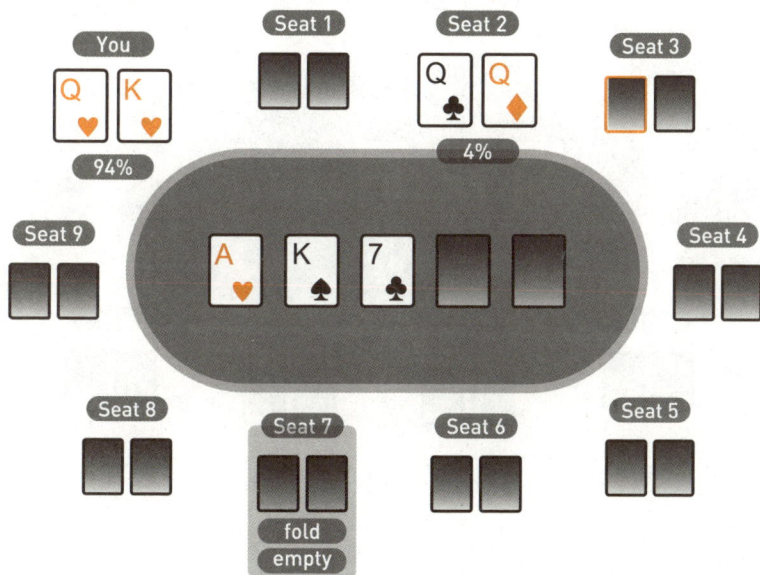

案例三：如果我们用KQ一直下注翻牌对手肯定会弃牌。但是如果我们过牌翻牌，对手可能会下注转牌，甚至下注河牌诈唬。我们从对手的垃圾牌里面也获得了引诱诈唬的价值。

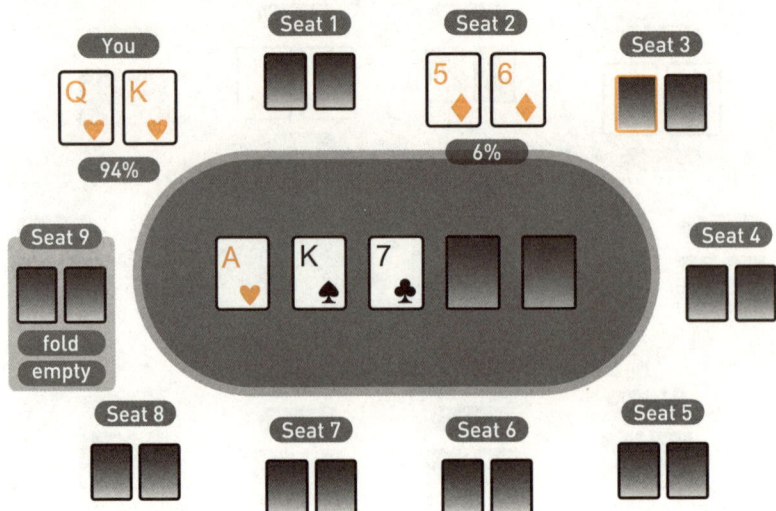

2. 彩池控制的本质逻辑

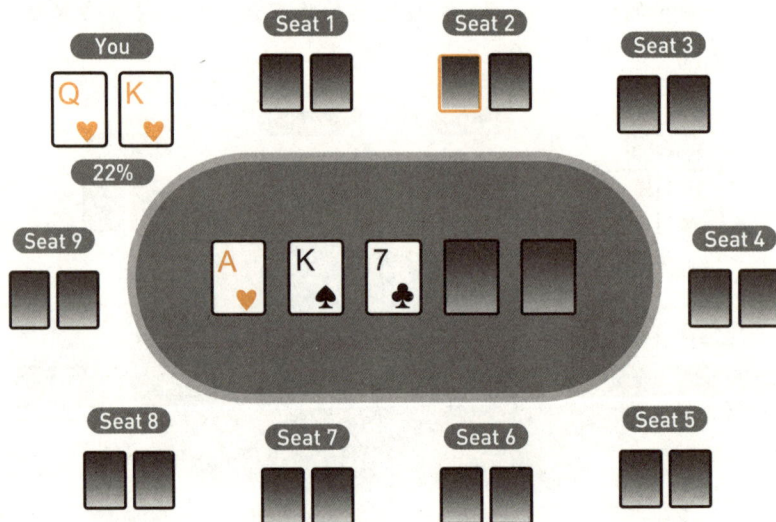

上图中对手跟注的牌力范围：KT、AT、QQ、65。

实际中，我们玩一手牌时通过下注来筛选对手的范围，当我们牌力中等时，不能强力下注再下注，因为这时我们就过度筛选了对手的范围了，使得对手用来跟注的范围都比我们中等牌力的牌要强。所以要适当过牌控制一下，让对手跟注的范围更广些，比如剩下QQ、KT这种比我们弱的中等牌力的牌，我们就从这些落后的牌力里面得到了价值。我们要获得价值，就必须让更弱的牌跟注，根据弱的程度，我们选择控制底池的大小。

10.3 彩池管理

彩池管理是按照自己的计划，通过下注、加注或者过牌，将河牌最终的彩池大小管理成自己想要的理想彩池大小。彩池控制也属于彩池管理，另外彩池管理还包括如何把彩池做大，甚至全压。

- 当牌力很强很强时，当然希望把河牌彩池管理成全压的大小。

- 当牌力很弱，比如只有低对时，希望把彩池控制得很小很小，希望河牌是个便宜摊牌的小彩池。

- 当牌力中等强度时，希望将彩池控制到能让少数更差的牌跟注的中等大小。

多少次我们发现自己拿着KK，翻牌前3bet一个松的玩家，对手跟注，翻牌是Axx，对手下注了，我们跟注，对手继续下注转牌，我们继续跟注，对手继续下注河牌，我们还是跟注，对手摊牌是A3。咋一看，我们玩得像条"鱼"。但是实际中这样的例子多了去了。

我们往往在前面几条街说，跟注翻牌看看对手转牌如何动作，然后转牌出来，对手继续下注，我们还是在跟注和弃牌之间纠结，再看看自己漂亮的KK，舍不得丢，就想对手是条"鱼"，跟注3bet很广，不会这么巧有A吧，再跟注看河牌他如何动作。河牌对手继续下注半个彩池，看看自己漂亮的KK，再看看彩池已经很大了，最后看看对手下注的数量只有半个彩池，又一次说服自己还是跟注吧。然后结果却发现自己玩得像个白痴一样。

我们玩得如此白痴，原因只有一个——"玩牌没有计划"。

1. 有计划地玩牌

当翻牌前拿到一手牌时，想到翻牌出现什么该怎么玩，转牌出现什么该怎么玩，河牌出现什么该怎么玩。翻牌前就把后面几条街所有可能出现的状况，计划好。

就像刚刚拿着KK的例子，如果翻牌前没有计划好翻牌出现A该如何玩，而是看到翻牌出现A，就骂"过分，每次拿着KK，翻牌都会有A，真倒霉。"但是要知道，在数学概率上翻牌三张牌里面有张A的概率是15%左右，也就是玩100次KK就有15次翻牌有A，如果我们从来就没有在提前想过翻牌出现A该怎么办，那么我们玩牌就是完完全全没有计划。

居然没有计划好如何应对15%概率会出现的状况，那么我们还不会玩KK。不要觉得可笑，至少有80%的扑克玩家都没有这种提前计划，这也是我们能从他们身上赢得筹码的原因。

案例一：我们翻牌前在CO位置拿着98s，加注3大盲，所有人弃牌到大盲，大盲跟注。翻牌是T73r（7大盲），我们拿到了两端顺子听牌，对手主动下注5大盲，我们加注到15大盲，对手跟注，转牌是2（37大盲）对手过牌，我们下注25大盲，对手跟注，河牌是3（87大盲），对手继续过牌，我们和对手都只剩下57大盲，我们全压，对手跟注。对手show T9。

这局牌最大的败笔是我们没有计划好，如果我们在翻牌仅仅只是加注12大盲，彩池31大盲，转牌下注20大盲，底池71大盲，河牌我们和对手都剩下75大盲，这时我们在河牌全压，对手弃牌的可能性就大得多，我们诈唬成功的几率会大得多。此时最大的败笔是没有计划好彩池滚动的速率，在河牌圈时彩池滚得太大了，对手没法弃牌了。

案例二：我们翻牌前在CO位置拿着AA，加注3大盲，所有人弃牌到大盲，大盲跟注。翻牌是T73r（7大盲），我们拿到了两端顺子听牌，对手主动下注5大盲，我们加注到12大盲，对手跟注，转牌是2（31大盲），对手过牌，我们下注18大盲，对手跟注，河牌是3（67大盲），对手继续过牌，我们和对手都只剩下67大盲，我们全压，对手弃牌，对手show T9。

这局牌最大的败笔是我们没有计划好，如果在翻牌加注15大盲，彩池37大盲，转牌下注25大盲，彩池85大盲，河牌我们和对手都剩下57大盲，这时我们在河牌全压，对手跟注的可能性就大得多，我们的价值下注成功的几率会大得多。此时最大的败笔是没有计划好彩池滚动的速率，在河牌时彩池滚得不够大了，对手可以轻松弃牌。

看了上面两个例子，就知道有计划地玩牌的重要性了吧。

同样的翻牌、转牌和河牌，对彩池管理不好，和对彩池管理得好，结果往往不一样。这也体现出好的扑克玩家和差得扑克玩家的差距，虽然同样是诈唬，一个成功一个失败，为什么同样是价值下注，一个全压了，一个对手却正确地弃牌了。

正确地管理彩池是其中的差别所在。

2. 彩池控制和管理的方法

控制彩池一般只有在有位置的情况能做到，没有位置很难控制彩池，因为我们不是最后一个行动，无法结束每条街的行动。而在有位置时，我们是每条街关门人，可以结束每条街的行动，这样也可以轻松地管理彩池大小和滚动速度。

（1）一般当我们牌力中等强度时，打算价值下注两条街，过牌一条街时，我们可以选择：

❶ 过牌翻牌、下注转牌、下注河牌。

❷ 下注翻牌、过牌转牌、下注河牌。

❸ 下注翻牌、下注转牌、过牌河牌。

（2）当我们牌力很弱，只想价值下注一条街时，可以选择：

❶ 过牌翻牌、下注转牌、过牌河牌。

❷ 下注翻牌、过牌转牌、过牌河牌。

❸ 过牌翻牌、过牌转牌、下注河牌。

（3）当我们牌力非常强大时，计划玩一个全压，或者尽可能多的放入更多的筹码，选择有：

❶ 加注翻牌、下注转牌、下注河牌。

❷ 跟注翻牌、加注转牌、下注河牌。

❸ 下注翻牌、下注转牌、下注河牌。

❹ 过牌翻牌、下注转牌、下注河牌。

❺ 下注一再下注翻牌，全压转牌。

❻ 跟注翻牌，跟注转牌，加注河牌。

等等。

无论想用哪种方式，一定要先思考对手的范围，对手可能的手牌，然后想对手如何玩他的手牌，再思考如何让对手早早地陷入其中，等对手在河牌圈时想弃牌都难。

10.4　AK的应用

1. AK的打法

AK这手牌放在厉害的玩家手里就是神器，但是放在比较差劲的玩家手里就是输掉筹码的牌。

2. AK的牌力

AA>KK>AK>QQ，也就是AK的牌力介于KK和QQ之间，可能听起来比较可笑。但下面就是论证。

❶ AK vs QQ接近五五开，AK稍微劣势。

Hold'em					
Hand			Equit	Board:	
Player 1	R D	AKs, AKo	43.944%		select
Player 2	R D	QQ	56.056%		
				Dead	

AK和QQ都怕AA和KK，但是手上有AK能阻挡一半的AA和KK。

AK：因为我们手上有一个A和一个K，那么组合AA和KK就只能用剩下的3个A和3个K，也就是只有3个AA的组合，3个KK的组合，总共6个AA和KK。

QQ：因为我们手上没有A和K，那么组合AA和KK是用4个A和4个K，也就是有6个AA的组合和6个KK的组合，总共12个AA和KK。

综上，当我们手上有AK的时候，对手手上有AA和KK的概率会下降一半。但是当我们手上有QQ时，对手该有多少AA和KK就有多少。这点AK远胜过QQ。

❷ AK vs KK的胜率远高于QQ vs KK的胜率。因为有一张高牌A的存在，AK vs KK的胜率并不低。

Hold'em					
Hand			Equit	Board:	
Player 1	R D	AKs, AKo	31.116%		select
Player 2	R D	KK	68.884%		
				Dead	

Hold'em				
Hand			Equit	Board:
Player 1	R D	QQ	18.065%	[ ] select
Player 2	R D	KK	81.935%	
				Dead

这一点AK又远胜过QQ。

所以得出理性的结论是AK的牌力介于KK和QQ之间，非常强的牌。

3. AK的价值

AK是翻牌前的超强听牌，不输于任何除了AA、KK之外的牌。所以一般的原则是在没有任何迹象表明对手拿着AA、KK时，我们假设我们的AK是坚果。

但是同时AK是强听牌，所以还是个听牌，在翻牌中A或者K的概率只有33%。这也是听牌的弱点——不是每次都中。

4. AK的盈利本质

AK的盈利本质来源于两个方面。

❶ 让五五开的牌弃掉。（AK半诈唬3bet）

翻牌前之所以用AK频繁的3bet，是为了追求弃牌率，很多22～TT的对子直接会在翻牌前弃掉，其实他们和AK是五五开的，即使他们跟注，当翻牌出现Qxx、Jxx之类的有高牌的牌面，对手也会弃掉22～TT，在翻牌时由于翻牌前的激进行为，对手会错误地弃掉很多有高牌的中小对子。从五五开的情况中，赚得足够的弃牌率。本质之一是半诈唬，前提条件是对手会弃牌中小对子，或者过牌弃掉很多翻牌。

但是翻牌前3bet半诈唬的前提是有弃牌率，如果没有弃牌率，比如对手是条"大鱼"，拿到66以上对子面对3bet都会4bet全压，那么我们应该跟注，而不是3bet，然后期待翻牌中A或者K，再打全压，毕竟如果我们直接翻牌前全压，五五开，我们和"鱼"之间没有优势，长期下来，并没有赢得筹码。但是中了之后再全压，我们就有很大的技术优势了。

所以半诈唬的前提是保证有很好的弃牌率，不管是翻牌前，还是翻牌时，如果没有弃牌率就不要3bet。

❷ 从A2～AQ、K2～KQ中获得价值。（AK价值3bet）

173

如果对手很弱，愿意用AQ、KQ、AJ、KJ之类的牌跟注3bet，那么我们3bet AK就是为了价值。我们期待，翻牌出现Axx，而和对手的AQ、AJ打一个全压，或者KXX和对手KQ、KJ打一个全压。

但是前提条件是对手会用AQ、AJ、KQ、KJ跟注3bet，或者不舍得翻牌前丢掉AQ、AJ、KQ之类的牌。

如果对手是超级紧手，也就是不会用AQ、AJ、KQ、KJ跟注3bet，那么我们就不能为了价值3bet。可以直接跟注，而让对手的AX、KX保留下来，翻牌后，如果我们直接3bet，对手弱的AX、KX都跑了，我们无法获得价值。

如果对手是松而被动的"鱼"，我们应该100% 3bet AK，因为松弱的"鱼"觉得AQ、AJ、KQ很强不舍得丢，会跟注，然后在翻牌后被我们"洗劫"。

如果对手是"疯鱼"，会拿所有的小对子66之类的，4bet全压，我们应该跟注，翻牌后，中了A或者K再全压也不迟，没有弃牌率时半诈唬就没有意义。

如果有强烈的证据表明对手有坚果，那么AK还是悠着点，甚至直接弃牌。

5. 无法盈利的例子

❶ 翻牌前和其他小对子全压，本来就是五五开，这样就没有发挥AK的真实优势，而且还突出了AK的劣势。

❷ 和其他的牌一条一条街玩到摊牌，AK本质的盈利来自于没有摊牌就拿下，以及从其他A+弱踢脚赢得价值。中规中矩和其他牌型玩到摊牌是无利可图的，比如AK和22玩到摊牌甚至处于微弱的劣势。

❸ AK翻牌前盲目跟注别人的全压。AK是追求弃牌率的牌型，虽然和大部分其他的牌五五开，但是还是希望别人弃牌。如果有人主动全压了，用AK去跟注是无法盈利的，除非对手会用AJ、AQ全压。AK一般是主动全压时才有利可图，而不是跟注全压时。

6. AK的厉害之处和弱小之处

除了AA和KK，AK不"怕"任何牌，而且AK本身含有A和K的组合，使得它"害怕"的AA和KK的组合从12个降到6个。AK的弱小之处，是和任何小对子全压或者打到摊牌只有46%的胜率。

一方面，害怕的牌很少，只有6个组合。另一方面，很多牌都和AK五五开。但是这些和AK可以五五开的牌都希望便宜看翻牌企图中三条。

综合上面两个方面，AK如果翻牌前玩得激进点，可以让这些五五开的牌错误地把很多五五开的彩池让给我们，或者翻牌出现高牌，我们可以持续下注偷得彩池，就算最后不得不摊牌时我们仍然有46%的胜率。

所以一般在翻牌前我们更倾向于激进的玩AK，用来3bet或者4bet全压，原因就是害怕的牌很少（只有6个组合），另外真的真刀真枪玩到河牌摊牌，AK的盈利并不高（即使27o面对AK也有33%的胜率哦），所以追求弃牌率是关键。

另一个盈利点是从那些翻牌前面对3bet放不下AQ、AJ、KQ、KJ的"鱼"，一旦中了对子，我们的坚果踢脚将是他们的终结者。

所以玩一手AK之前，先问自己有没有弃牌率，可不可以半诈唬，然后问自己对手能否放下AQ、KQ之类的牌，有没有价值空间。

- 如果答案是没有弃牌率，比如对手是"疯鱼"，我们倾向跟注，翻牌后中了A或者K再玩到全压。

- 如果答案是有价值空间，比如对手是松而被动的"鱼"，我们3bet，他们会用很多被主宰的Ax及Kx跟注，一旦中了对子，我们坚果踢脚将是他们的恶梦。如果他们有能力翻牌前放下AQ，我们可以跟注玩翻牌后，因为我们3bet，他们把我们能获得价值的牌都弃掉了。

我们知道了AK的强大之处，就多多利用它的优势为我们赢得筹码。知道了弱小之处，就可以在某些危险时候轻松逃离而节省很多筹码。扬长避短是必须得。

案例一：翻牌前UTG（枪口位置）超紧玩家加注4大盲，CO（关煞位置）紧的玩家再加注到12大盲。我们在按钮位置拿着AKs，弃牌。有强烈的证据表明对手拿着强牌时，AK就要悠着点。

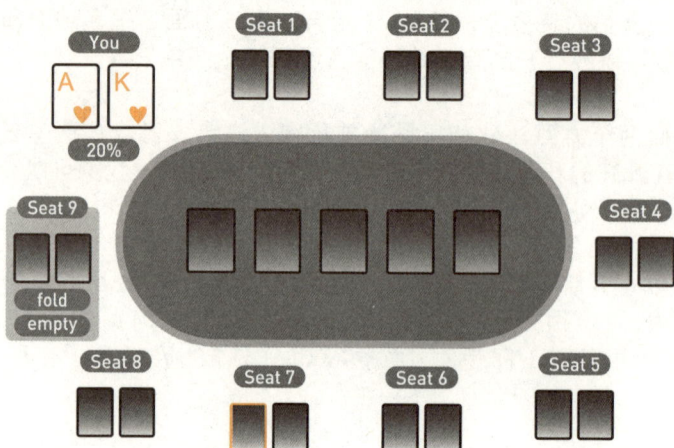

案例二： 翻牌前CO紧的玩家加注4大盲，我们在按钮位置拿着AKs，考虑到弃牌率的存在，我们用AKs 3bet半诈唬。

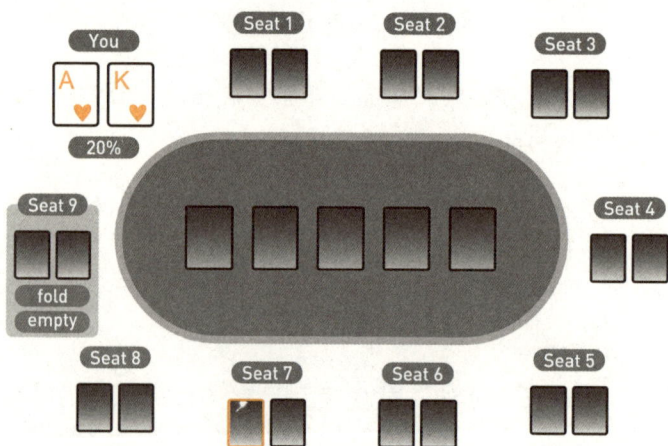

案例三： 翻牌前枪口位置松而被动的"鱼"加注4大盲，我们在按钮位置拿着AKs，考虑到对手会拿很多AQ、KQ、AJ跟注，所以价值3bet。翻牌中了任何A和K就"洗劫"对手。

案例四： 翻牌前中间位置紧的玩家加注4大盲，关煞位置松的玩家跟注，我们在按钮位置拿着AKs，考虑到彩池里面已经有9.5大盲的"死钱"了，我们再加注压缩到15大盲半诈唬。如果所有人弃牌，高兴拿下9.5大盲。即使有一个人跟注了，中了A或者K我们依然是最强的牌。

案例五： 翻牌前中间位置紧的玩家加注4大盲，我们在按钮位置拿着AK 3bet到12大盲，对手跟注。翻牌是Q84r，对手过牌，我们该如何？

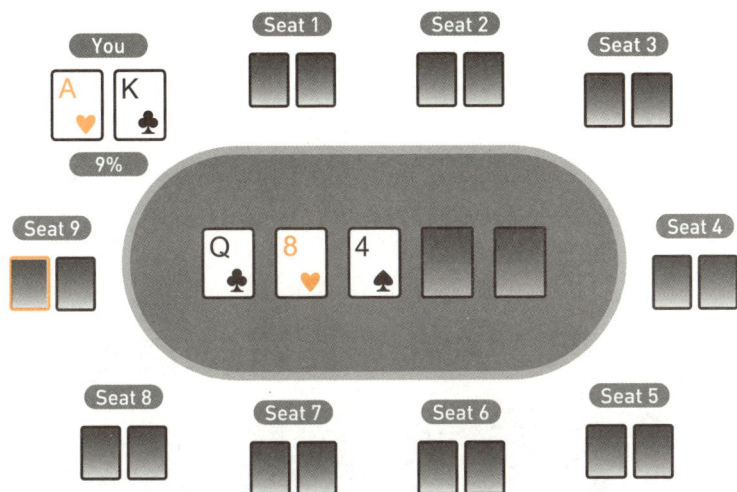

对手翻牌圈跟注我们的范围是77～JJ、AQ，一般的对手都会用QQ、AK、KK、AA翻牌前再加注4bet，所以这个Q高的翻牌圈，中顶对以上的牌力的概率很低，只有88形成三条8，AQ形成顶对Q。

对手过牌给我们，我们下注一半的彩池（对手错过翻牌圈的话，半个彩池的持续下注就可以拿下。），如果被跟注了，转牌圈出现K或者A，我们继续下注，没有出现我们就考虑放弃还是连续"开两枪"诈唬。

案例六：翻牌前中间位置紧的玩家加注4大盲，我们在按钮位置拿着AK 3bet到12大盲，对手跟注。翻牌是A98r（r指彩虹牌面，也就是三张不同花色）对手过牌，我们如何决策？

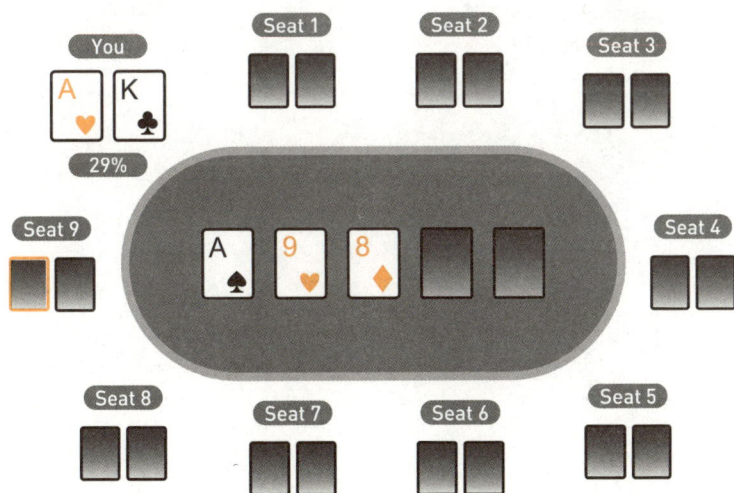

翻牌出现A，我们只输给99（3个组合）、88（3个组合）、AA（1个组合）。同时，所有的Ax都可以跟注我们的bet。100大盲的筹码量下，我们就可以下注、下注、全压了。

案例七：翻牌前中间位置紧的玩家加注4大盲，我们在按钮位置拿着AK 3bet到12大盲，对手跟注。翻牌是J43两红心，对手过牌，我们如何？

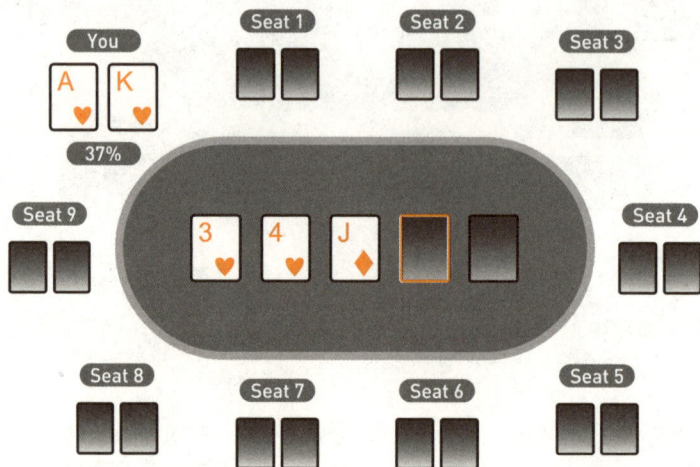

翻牌出现红心听牌，我们坚果同花听牌，还有两个高牌。面对所有QQ及以下的对子，我们有9个同花出牌、6个高牌出牌，15个出牌使我们不"怕"任何牌。这时准备下注下注全压，或者下注翻牌，过牌加注全压转牌。

Chapter 11

起身离开

KEY POINT

在人生中知道急流勇退很重要，在德州扑克中也是一样，当发现自己状态不佳的时候，及时起身离开是一种智慧和勇气，并非每一个人都能做到。

我们学习扑克，讨论牌局，讨论每条街的决策优劣，这些都是在提高我们在A game（最佳状态）下的技术优势。但是实际上我们很多时候都不是处于A game，所以，很多人抱怨自己在牌桌下面讨论牌局时很清醒，也明白每个动作的意义，但是等自己到牌桌上时都忘得一干二净，做出一些错误的决策。

简单来说就是，在牌桌下面提高理论水平都是在意图提高我们A game状态的水平，但是实际中我们在牌桌上时不总是处于A game，有时会处于B game，甚至是C game。那么当我们处于C game时，我们平时所学习的东西都是浮云，因为我们都不知道自己在干嘛。平时提高自己的A game理论水平固然没错，固然可以提高我们的盈率，但是仅仅是提高我们处于A game的盈率。

所以很多玩家赢的时候能达到每一百首牌盈利8个大盲，持续半个月，然后突然有一天运气背了，就情绪化，然后就处于C game，追损而且坚持不下桌，甚至越级到更高级别玩，这时盈率达到每一百首输20个大盲，可能这一天会输掉一个星期的盈利。那么等到月末算账的时候，发现自己每过一段时间都会有这样大输的情况，几乎吞噬了一半的盈利。

他们都只学会如何玩好自己的A game，却没有学会避免自己的C game。有一首歌《the gambler》里面唱道：

you gonna know when to hold'em,（你必须知道什么时候该持有，）

when to fold'em,（什么时候该弃牌，）

when to walk away,（什么时候该起身离开，）

know when to run.（什么时候该一直冲。）

前面两句说的就是我们平时最关心的A game状态下的每一个最佳决策。

第三句就是如何避免在C game时被吞噬大部分盈利。

第四句就是在A game时就该坚持玩下去。

起身离开说起来简单，做起来非常难，特别是在牌桌上，能够说服自己起身离开需要自己练习。

当自己觉得状态不在A game时（做了一些很错误的决策），当自己发现有点情绪了，当自己觉得有点累了，当自己觉得有点饿了，当自己刚刚输掉一个"大锅"，而且影响到自己的心情时或者当自己觉得此时此刻不想拼了（失去斗志时），请起身离开。

这时，你会发现你从一直输的玩家变成了开始盈利的玩家，或者你从小赢家变成了大赢家。

小筹码策略

KEY POINT ···

　　小筹码策略是一种高波动但又非常有效的策略。策略的核心在于手上只有20个盲注筹码量，当对手很松的加注的时候，给彩池里面创造了4.5大盲以上的"死钱"，这时候只要我们有稍微可以的牌就选择全压，冒着20大盲的风险去赢取彩池里面的4.5大盲。对手如果弃牌，我们拿下4.5大盲，对手如果跟注，我们至少也有40%以上的胜率。

1. 小筹码策略理论

　　大筹码之间对抗的时候，采取的是大筹码策略，也就是我们前11章讲的100个盲注筹码量的玩法。大筹码之间对抗的时候也会经常玩同花连牌、Ax同花，以及其他的投机牌来追求隐含赔率，试图击中强牌而清空另外一个大筹码。但是这些牌全压的胜率很低，如果此时有小筹码全压，他们通常不得不弃牌，使得小筹码可以免费拿下4.5个大盲，即使他们跟注小筹码玩家的全压，他们的手牌也是处于劣势的。

	大筹码	小筹码
大筹码	大筹码策略	大筹码策略
小筹码	小筹码策略	小筹码策略

　　例如：翻牌前大筹码玩家A 拿着7s8s，加注3倍盲注，小筹码玩家B会全压ATs、AJs、AQs、AKs、AJo、AQo、AKo、55～AA、KQo、KQs，大概9.65%的牌。

　　下图是小筹码全压的范围和大筹码玩家的78s的胜率。

		牌面：			
		赢率	胜	和	
小筹码玩家	MP2	65.32%	65.00%	0.32%	55+, ATs+, KQs, AJo+, KQo
大筹码玩家	MP3	34.68%	34.35%	0.32%	87s

如果我们全压20大盲，分为两种情况：

❶ 大筹码玩家弃牌：我们拿下4.5大盲。

❷ 大筹码玩家跟注：我们还有65.32%的胜率处于绝对的优势。

这样使得大筹码玩家跟注也是错误，弃牌也是错误。

问题的根本原因在于大筹码之间对抗而加注太松的起手牌，造成彩池里面有很多"死钱"，而他们的牌翻牌前全压胜率又很低，无法保护彩池里面的"死钱"。

所以小筹码策略最乐意看到的情况是，桌上有6个以上的大筹码玩家，而且相互之间都玩得很松。他们彼此创造很多"死钱"，而手牌又常常不足以翻牌前全压，给了小筹码策略可乘之机。

小筹码策略很简单，有两种情况：

❶ 如果自己加注就加注好牌，比如中等以上对子、大的高牌。

❷ 如果前面已经有人加注了，而且这个加注的人在这个位置玩得很松，我们就可以拿着稍微可以的牌全压，比如所有的对子、AT、AJ、AQ、AK、大的同花KJs和KQs。

对于小筹码来说，翻牌前加注，翻牌中了顶对或者顶对以上的牌力，就下注、下注、全压，也就是坚果牌，不存在弃牌空间了。

2. 小筹码策略翻牌前起手牌

❶ 前面没有人加注，我们主动加注3大盲的范围如下。

前面位置：TT、JJ、QQ、KK、AA、AK、AQ。

中间位置：99、TT、JJ、QQ、KK、AA、AQ、AK、AJ、KQ。

后面位置：66～AA、AT～AK、KQ、KJ。

❷ 如果紧手玩家在前面位置加注3个大盲，我们全压的范围是：JJ、QQ、KK、AA、AK。

❸ 如果松手玩家加注3个大盲，我们全压反偷的范围是：所有的对子、AT、AJ、AQ、AK、大的同花KJs和KQs。

小筹码策略通常是自己主动加注，或者再加注全压。基本上很少去跟注别人的加注，除非慢玩AA和KK，其他的牌都是要再加注全压的，AA和KK多数情况也是需要全压的，只要当对手面对全压弃牌太多的时候才考虑慢玩AA和KK。

另外，QQ、JJ、AK等牌不适合慢玩，QQ和JJ翻牌后有高牌A或K很难处理，AK在翻牌后没有中顶对也比较难以处理，所以翻牌前全压比较好。

3. 小筹码策略翻牌后基本打法

小筹码的翻牌后策略还是以激进为主，在有不错赢率的情况，主动进攻。

如果我们主动加注，别人跟注，翻牌后中了顶对、中等对子、超对、顺子听牌、同花听牌或者更好的牌时，我们应该怎么做？

❶ 没有人下注，我们就下注。

❷ 有人下注，我们就加注全压。

❸ 我们下注遭遇加注，我们也全压。

❹ 如果下注需要花费我们过半的筹码，我们也直接全压。

❺ 如果对手只是跟注翻牌，我们在转牌也是要全压的。

小筹码的策略筹码量在15～25大盲，低于15大盲，我们就补充筹码到20大盲，高于25大盲，策略就进入中筹码策略，小筹码策略不再适用，这时候我们要么换一个桌子继续20大盲买入实行小筹码策略，要么用中筹码策略，或者买满100大盲实行大筹码策略打法。